낚시가 처음인 당신에게
초보자를 위한 민물낚시 가이드

즐겁고 건전한 낚시문화를 만들어가며, 삶의 또 다른 재미를 선사하는 행복하고 풍류 넘치는 낚시 여정의 동반자가 된다

낚시가 처음인 당신에게

발행일   2025년 11월 21일

지은이   조성훈
펴낸이   손형국
펴낸곳   (주)북랩

출판등록   2004. 12. 1(제2012-000051호)
주소   서울특별시 금천구 가산디지털 1로 168, 우림라이온스밸리 B동 B111호, B113~115호
홈페이지   www.book.co.kr
전화번호   (02)2026-5777   팩스   (02)3159-9637

ISBN   979-11-7224-967-0 13690(종이책)   979-11-7224-968-7 15690(전자책)

잘못된 책은 구입한 곳에서 교환해드립니다.
이 책은 저작권법에 따라 보호받는 저작물이므로 무단 전재와 복제를 금합니다.
본 도서는 (주)북랩이 보유한 리코 인쇄 장비 등 자체 생산 인프라를 통해 제작되었습니다.

작가 연락처 문의 ▶ ask.book.co.kr
전용 게시판에 문의를 남기시면 저자에게 직접 전달됩니다.

(주)북랩 성공출판의 파트너

북랩 홈페이지와 SNS에서 다양한 출판 솔루션을 만나 보세요!

홈페이지 book.co.kr   •   **블로그** blog.naver.com/essaybook   •   **출판문의** text@book.co.kr
카톡채널 북랩

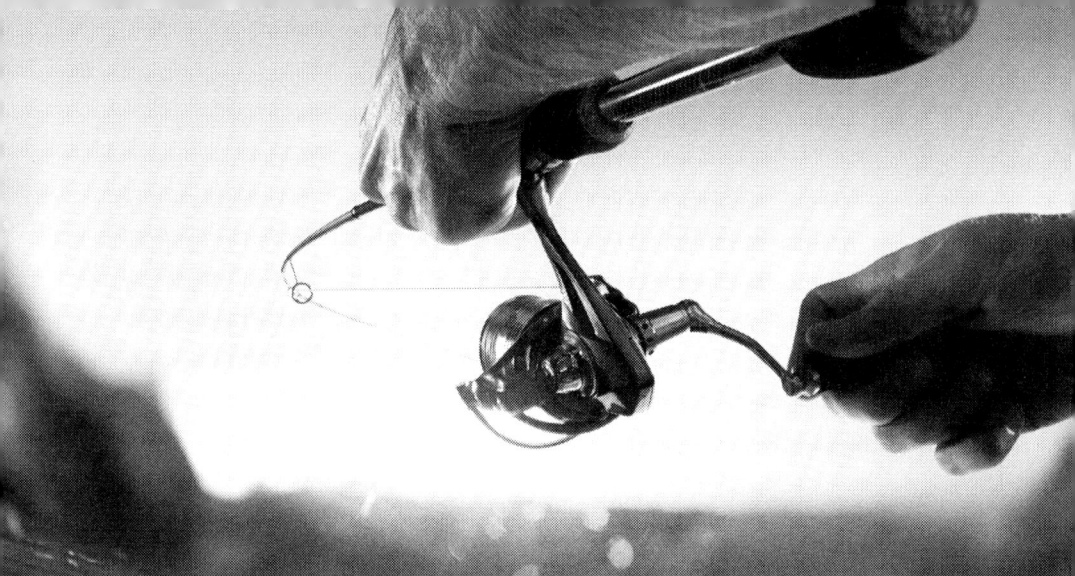

초보자를 위한
민물낚시 가이드

낚시가
처음인
당신에게

조성훈 지음

프롤로그

민물낚시 조력 25년 차 베테랑 낚시꾼입니다.
낚시 경력은 낚시 조(釣)를 써서 조력(釣歷)이라고 하더군요.

대학 졸업 후 IT 관련 회사에 취직하면서 민물낚시를 시작(1998년)했고, 지금까지도 낚시를 무척 좋아하며 즐기고 있습니다.
2002년에는 프로그래머의 기질을 발휘하여 낚시일지(조행기)를 작성하는 프로그램을 직접 만들어서, 그해부터 지금까지 꾸준히 계속 써오고 있습니다.
낚시일지에 기록된 데이터상으로도 지금까지 300회 이상 출조했으며, 낚시했던 장소(저수지, 강, 수로 등)만도 130여 곳이 되더군요.
1박 2일 밤낚시를 했던 경우에만 낚시일지에 기록해 왔으니, 가끔 반나절 정도 짬낚시했던 것을 합치고, 낚시일지에 기록이 안 된 1998~2001년 사이의 출조를 합치면 아마도 출조 횟수가 400회를 훌쩍 넘을 것입니다.
결혼 전 한창 낚시를 다닐 때에는 주말이나 공휴일을 이용해서 1년에 30~40회 정도 출조를 했었으니, 그때 당시 5년 정도 지나서 계산해 보니 5년 중 거의 1년을 노지(낚시터)에서 살았더라구요.

※ 평균 35회 × 2일(1박 2일) × 5년 = 350일

  취미를 10년 이상 꾸준히 열정적으로 하다 보니 취미로서의 낚시 본질에 관한 질문과 낚시인의 바람직한 자세 등에 관한 질문이 생기게 되고, 점차 해답을 찾아가는 과정에서 나름대로 철학이 생기더군요.

  해당 분야의 폭넓은 지식과 다양한 경험이 쌓이고, 거기에 감성이나 느낌, 개념이 합쳐져서 만들어지는 자신만의 철학 말입니다.

  그래서, 이런 낚시 속에서 느꼈던 쏠쏠한 재미와 가벼운 철학도 나누고 그동안의 낚시 경험과 지식을 공유하고자 이 글을 쓰게 되었습니다.

  취미생활을 하더라도 뭔가 좀 알고 하면 재미가 더합니다.

  물론, 백지 상태에서 좌충우돌 부딪히며 알아가고 깨닫는 재미도 있다고 하시겠지만, 일단 기본적인 지식과 이해가 있으면 훨씬 더 재미를 즐길 수 있습니다.

  따라서, 취미생활을 시작할 때는 그 분야의 전문가와 함께하는 것이 가장 바람직하지 않나 생각되는데, 만약에 주위에 그런 전문

가가 없거나 만나볼 기회가 쉽게 찾아오지 않는다면 이 책을 한 번쯤 읽어보는 것을 추천합니다.

이 책은 민물낚시에 대해 쓴 것으로, 전문적인 지식을 전달하기보다는 낚시에 대한 기본 개념을 쉽게 이해하고, 낚시를 건전한 취미로 즐길 수 있도록 돕기 위한 책입니다.

이 책은 무엇보다도 '2장 낚시의 참맛'을 전달하는 것이 주된 목적입니다.

그에 앞서 낚시의 기본개념을 「1장」에서 간략히 설명하였고, 그간 민물낚시하면서 경험했던 재미난 일화를 「3장」에서 소개하였으며, 그 외에 마음가는 대로 자유로운 형식으로 쓴 글들을 4장에 수록하였습니다.

낚시 관련해서 이런저런 조언이 필요하신 분들을 일일이 만나서 이야기를 드리고 싶지만, 시간과 공간의 제약이 따르기에 시공을 초월하여 오랫동안 전달할 수 있는 '책'이라는 매체를 선택하게 되었습니다.

제 나이가 '5학년'을 훌쩍 넘어서다 보니 기억력이 예전 같지 않네요.

예전의 좋은 기억과 느낌이 사라지기 전에 기록으로 남겨 놓아야겠다는 생각이 책을 쓰게 되는 또 다른 동기로 작용했습니다.

학창 시절의 배움은 인문학(어문계열)이었지만 사회에 진출해서는 이공계(IT) 관련한 일을 해오다 보니, 마치 두개의 얼굴을 가진 야누스 같은 느낌이 들더군요.

반은 문과생 마인드, 반은 공대생 마인드….

오랜 낚시 경험과 지식을 바탕으로, 인문학의 자유분방한 감성과 공학도의 분석적 시각을 함께 녹여 이 책을 써봤습니다.

이 책이 취미로서 낚시를 즐기시는 여러분들에게 많은 도움이 되길 바랍니다.

목차

프롤로그 04

1장 낚시 기초 지식

낚시란?	14
낚시 3요소	19
낚시 용어 및 상식	42
낚시 종류	52
낚시는 과학이다	55
구조오작위(九釣五作尉)	58
낚시 장소별 특성	61
낚시 유용한 팁	67
낚시에서의 호재와 악재	74

2장 낚시의 참맛

3무(無)	78
고통 치유	81
5감(感) 만족	83
낚시와 도박	85
중용(中庸)의 미학	87
최고의 낚싯대	89
낚시계의 정설이 된 말들	93

운칠기삼(運七技三)	95
낚다 vs 잡다	97
찌 멍때리기	99
역사는 밤에 이루어진다	102
낚시 쾌감	104
초필살기	106
잡은 고기에는 미끼를 주지 않는다	109
0.1초의 승부	111
낚시하기 힘든 곳일수록 대어가 산다	113
기다림의 미학	116
꽝이 잦아야 실력이 는다	118
적을 알아야 경쟁우위를 갖는다	120
눈에 보이는 고기는 절대 안 잡힌다	122
페어플레이(Fair Play)	124
각본 없는 드라마	127
꼭 버려야 할 것과 꼭 버리지 말아야 할 것	129
장비병	132
찌는 소통채널	136
적당한 지식은 조미료	139
채비 밸런스(Balance)	141
외대일침(하나의 낚싯대와 하나의 바늘)	143
낚싯대를 잡는 순간 모든 이는 공평하다	147
한 마리만 더	149
자신의 미끼에 대한 믿음	151
선택과 집중	153

낚시 특수(特需)	155
놓친 물고기가 제일 크다	158
낚시는 건전한 레저스포츠	160
한계는 피하는 것이 아니라 극복하는 것	163
무어(無漁)	165
재미 혹은 열정	167
취미도 10년이면 철학을 읊는다	170
도(道)와 법(法)	173
낚시 중심엔 사람이 있다	175
자신만의 퀘렌시아	177
자연과 후손을 생각하는 낚시	179

3장 에피소드

안개 속 대금 선율	182
떡밥 xx 해봤어?	185
잉어 맛에 늘 함께하는 부부	188
물고기는 5천 원짜리 먹고	191
그토록 먹고 싶던 라면인데	193
잡았어? 커?	196
무섭지(池)의 도인	199
6칸대의 기인들	202
잉어 탈출 소동	205
400만 원짜리 붕어	208
새를 좇는 사진작가	212
비수구미	215

결혼기념일 첫 낚시		219
잉어 쇼(Show)		221
저수지에 날치가 산다?		223
산란철의 진풍경		225
낚시꾼들의 대화		227
또 다른 나와의 조우		229

4장 마음가는대로

저수지 달 밝은 밤에	234
밤낚시의 묘미	236
꾼 예찬	238
우중(雨中) 낚시	240
낚시를 예술처럼	242
붕어 예찬	244
잘못된 속담	246
낚시 에티켓	248
낚시면허제 조기 정착을 꿈꾸며	251
추천하는 장소	253

에필로그 256

1장

낚시 기초 지식

민물 낚시에 대한 지식 전달을 위한 장으로 낚시에 대한 전반적인 이해를 돕기 위해 낚시에 필요한 필수적인 요소와 낚시에서 사용하는 용어나 기타 정보 등에 대하여 설명한다.

전문적인 설명보다는 초보자들이 낚시의 기초 지식에 대한 쉬운 이해를 통해 낚시의 본질을 쉽게 파악하고 편안하게 접근할 수 있도록 하는 뜻이 담겨 있다.

낚시란?

　낚시는 오랜 옛날부터 일용할 양식을 마련하기 위한 수렵·채집 활동의 한 부분이었으며, 오늘날에 와서는 단순히 물고기를 잡는 행위를 넘어서 자연과 교감하며 휴식, 명상, 치유 등의 다양한 가치를 찾을 수 있는 활동으로 등산과 함께 레저스포츠 세계의 양대 산맥으로 자리 잡고 있다.

　원시시대부터 현재까지 아득히 오랜 세월 동안 명맥을 이어온 전통적인 행위였기에, 우리의 DNA 어딘가에 낚시에 대한 본능적인 욕구가 녹아있지 않을까?

　그래서인지 취미가 낚시라고 얘기하면 주위 사람들 대부분이 좋게 생각하며 관심을 많이 보이곤 했던 것 같다.

　생계를 위한 어업활동을 제외하면, 오늘날의 낚시는 일반적인 취미 활동이다.

　이런 낚시를 한마디로 정의하면, '기다림의 미학', '각본 없는 드라마'라고 할 수 있으며, 추가적으로 정의를 내린다면 '꿈이 있는 물가로의 여행'이며 '누구나 쉽게 즐기는 취미'라고 할 수 있으며, 마지막으로 '삶의 안식처'라고도 할 수 있겠다.

기다림의 미학

낚싯대를 드리우고 미끼를 달아놓고, 물고기(대상어)를 기다린다.

물고기가 미끼를 물어줄 때까지… 마음의 여유를 가지고 마냥 기다리는 것이다.

또 다르게 표현하자면, '느림의 미학'이라고도 할 수도 있겠다.

제4차 산업혁명이니, 혁신이니 하면서 급격하고 빠르게 변화·발전하고 있는 지금의 세태에서 벗어나, 생활 속의 긴장과 조급함을 내려놓고 조금은 마음의 여유를 찾으며 자연과 벗하며 유유자적하게 기다릴 수 있는 취미인 셈이다.

단순히 막연한 기다림이 아니고, 언제 찾아올지 모를 기회를 기다린다는 것에서 미학이라는 의미를 부여할 수 있겠다.

각본 없는 드라마

스포츠를 표현할 때 '각본 없는 드라마'라는 말을 많이 한다. 상대 선수(팀)와 함께하는 것이기에 일방적인 계획과 전략대로만은 되지 않는다.

어떻게 진행될지, 승부가 어떻게 판가름 나게 될지 해봐야 아는 것이다. 그래서 더욱 흥미진진한 것이기도 한데, 낚시도 마찬가지다.

낚시인과 물고기(대상어)와 함께하는 것이기에 스포츠와 마찬가지로 각본 없는 드라마가 전개된다.

매번 똑같은 장소와 똑같은 시간에 낚시를 한다고 해도 만나게 되는 물고기는 늘 다르고, 어떨 때는 한 번의 입질도 못 보는 '꽝'

일 때도 있다.

이래서, 낚시는 각본 없는 드라마다.

꿈이 있는 물가로의 여행

낚시를 여행과는 동떨어져 생각하는 경우가 있는데, 사실 저수지나 강, 바다로 낚시를 간다는 것도 결국은 물과 산이 어우러진 자연 속으로의 여행인 셈이다. 떠나기 전에 설레고, 다녀와서 추억되는 재미난 여행 말이다.

차이가 있다면, 낚시라는 부가적인 행위로 인해 예기치 않은 큰 물고기(대물)를 잡을 수 있다는 기대에 찬 꿈을 가질 수도 있게 된다는 점이다.

장비 면에서도 낚시에 필요한 도구가 일부 추가될 뿐, 기본적으로는 등산이나 다른 레저 활동에 쓰이는 장비와 유사하다.

자연 속에서 낚싯대를 펴놓고, 경치도 감상하고, 간식거리도 먹고, 식사도 하고, 일행들과 얘기도 나누면서 여유롭고 즐거운 휴식을 취하는 여행이다.

모든 여행에서처럼 안전을 최우선으로 삼아야 하는 것도 두말하면 잔소리.

차량을 이용하기 때문에 운전도 조심해야 하고, 목적지 도착해서 낚시할 때도 위험 요소를 예방하여 불미스러운 일이 발생하지 않도록 해야 한다.

누구나 쉽게 즐기는 취미

낚시는 남녀노소를 막론하고 누구나 쉽게 할 수 있는 취미다. 낚시는 큰 기술이 필요하거나 힘이 많이 들거나 하는 그런 레포츠가 아니다.

복잡한 기술을 요하지도 않고, 편안하게 앉아서 미끼를 바늘에 달아 던져놓고 기다리면 그만이다. 낚시 미끼를 원하는 지점에 보내는 캐스팅이나 물고기를 랜딩하는 방법은 몇 번 해보면 초등학생도 금방 할 수 있을 정도로 쉽다.

그래서, 누구나 쉽게 할 수 있고 늙어서까지도 할 수 있는 취미임에 틀림없다.

중국 춘추전국시대의 강태공(본명: 강상)이라는 사람이 미끼도 없이 빈 낚싯바늘로 낚시하다가 지나가던 임금을 만나, "세월을 낚고 있다"라는 명언 하나로 일약 재상에 등용되었다는 일화가 있지 않은가?

그때 당시 강태공 나이가 80세였다고 하니, 역시 낚시는 나이를 불문하고 즐길 수 있는 취미임에 틀림없다.

참… 생각난 김에, 강태공이라는 사람이 남긴 유명한 말을 하나 소개한다.

'복수불반분(覆水不返盆): 한번 엎질러진 물은 다시 주워 담을 수 없다.'

삶의 안식처

마지막으로 낚시는 지친 삶을 어루만져 주는 안식처가 아닌가 싶다.

힘들었던 몸과 마음을 치유해주고 재충전의 기회를 갖게 해주기 때문이다.

일상에서의 고민, 애환 등 힘든 감정은 캐스팅을 통해 넓고 깊은 강물에 던져버리고, 희망이나 환희 등 긍정적인 감정을 물고기와 함께 낚아내는 것이다.

이를 통해 낚시는 치유와 휴식을 제공하는 인생의 안식처가 되는 셈이다.

낚시하며 마주하게 되는 드넓은 자연은 넉넉한 품으로 우리들의 상처를 보듬어 주며, 오랜 세월 속에서 다양한 시련을 이겨내고 흔들림 없이 한결같이 존재할 수 있었던 소중한 지혜를 베풀어 주기도 한다.

그렇다면 필자에게 "낚시란 무엇인가요?" 하고 누군가가 묻는다면, "낚시는 저에게 있어서 종교와 같습니다."라고 대답하고 싶다.

주말이면 종교인들이 교회에 주일 예배 가듯이 낚시를 다녔으며, 이런 낚시를 통해 일주일 동안 쌓인 피로를 말끔히 씻고, 편안한 마음으로 돌아오곤 했다.

교회에 가서 고해성사하고 정갈한 마음가짐으로 다시 태어나서 돌아오는 것과 비슷했으니, 결국 낚시는 필자에게 있어 종교 생활과 같은 셈이다.

낚시 3요소

일반적으로 개념을 정의할 때 3요소를 많이 거론하곤 한다.

하나나 둘이 아니고 하필이면 3가지일까?

1차원적인 직선으로 2차원적인 면을 만들기 위한 최소한의 직선 개수가 3인 것처럼, 어떤 이론의 강력한 지지기반을 형성하는 최소한의 개수가 아닌가 싶다.

정립(鼎立: 솥 정, 세울 립)이란 단어는 한자를 풀어봤을 때 '솥을 세운다는 의미'인데, 아래가 둥근 솥을 땅에 세워놓기 위해서는 3개의 지지대를 엇갈리게 꽂은 후 그 위에 솥을 올려놓는다는 숨은 의미가 있다.

이때도 지지대 1개나 2개로는 솥을 세우는 것이 불가능하고, 4개 이상은 불필요한 사족이 되고, 그래서 결국 3개가 딱 안성맞춤이라는 것이다.

이런 연유로, 개념이나 이론 정립 시에는 3가지 요소가 주로 거론되는 것이다.

그렇다면 낚시에서도 3요소가 있는가?

인터넷, 게시판, 서적 등 어디를 찾아봐도 명쾌하게 낚시 3요소의 개념을 정의해 놓은 곳이 없었다. 그래서, 필자가 낚시에 대해 분석하고 체계화하면서 꼭 필수적인 3요소를 정의해 봤는데, 다음의 3가지로 귀속된다.

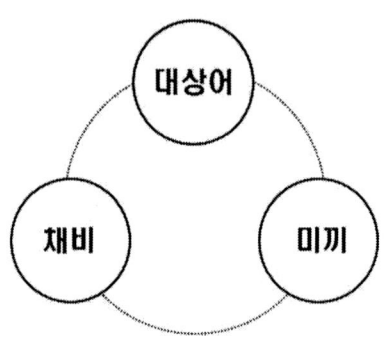

위처럼 이 책에서는 낚시의 3요소를 대상어, 채비, 미끼로 책에서는 정의하기로 한다.

1) 대상어(물고기)

제일 중요한 요소이며 낚시에서 가장 필수적인 요소라 할 수 있다.

낚시는 물고기 즉, 대상어를 낚는 행위인데, 이런 물고기가 없다면 낚시라는 행위가 이루어질 수 없다.

물론, 누군가는 '물고기 없는 빈 연못이나 강에서 낚싯대를 드리우고 세월을 낚으면 되지 않느냐?' 주장한다면…맞다. 이것도 가능하다.

하지만, 이는 아주 특수한 경우에 해당하며, 일반적으로는 대상어가 있어야만 낚시가 성립된다.

그리고 낚으려고 하는 대상어에 따라 낚시 장소, 낚싯대 종류나 낚시 스타일이 결정되므로 가장 우선적이면서 중요한 요소라고 할 수 있다.

지금은 낚시가 취미이며 레저스포츠로 변화되었지만, 예전에는 먹고살기 위한 필수적인 수렵 활동이었으며 일용할 양식으로써의 물고기를 잡기 위해 낚시가 시작되었으므로, 대상어(물고기)가 낚시 3요소의 젤 우선순위가 된다.

2) 채비(장비)

낚시는 장비를 가지고 하는 레저스포츠이므로, 관련 도구를 갖추어야 한다.

도구나 장비라고 하지 않고 채비라는 용어를 사용하는 이유는 낚시행위를 가능하게끔 낚싯대나 기타소품(낚싯줄, 찌, 바늘 등)이 연결되어 준비되어 있어야 한다는 의미에서다.

어떻게 보면 채비라는 용어 안에는 도구가 포함된다고 보면 된다.

'구슬이 서 말이라도 꿰어야 보배'라는 말처럼, 각각의 도구나 소품을 가지고 있어도 제대로 연결되어 있지 않으면 무용지물이 된다.

이렇듯 낚시에 필요한 주요 장비나 부가적인 소품들이 준비되고, 각각의 기능을 제대로 발휘할 수 있도록 완전히 조합되어 갖

취진 상태.

이것이 바로 채비다.

3) 미끼

대상어를 유인하고 낚싯바늘을 물거나 흡입하여 고기를 낚을 수 있게 만드는 접점 역할을 한다.

어떻게 보면, 미끼라는 것은 낚시인과 대상어를 연결해 주는 소중한 매개체이자 둘만의 소통 채널이기도 하다.

낚시꾼은 미끼를 달아 던질 때가 가장 마음이 설렌다고 한다.

대상어의 먹이인 미끼이지만, 낚시인에게는 대물에 대한 바람이 가득 담긴 희망의 결정체이기 때문이다.

대상어가 있고, 채비가 다 갖추어져 있어도 미끼가 없으면 대상어를 낚을 수 없으며, 결국 낚시라는 행위가 성립되지 않는다.

그래서, 미끼가 마지막 세 번째 요소로 자리매김하는 것이다.

낚시 3요소에 대해서 개략적으로 설명했는데, 낚시에 있어서 워낙 중요한 부분이므로 각각의 요소에 대해서 이어서 세부적으로 설명하도록 한다.

1. 대상어

낚시 3요소 중 대상어(물고기)에 대해 알아보도록 한다.

낚시에서 가장 중요한 요소라고 할 수 있으며, 잡고자 하는 대상어에 따라 채비 방법이 결정되고, 미끼도 마찬가지다.

민물낚시에서 자주 만나는 물고기 위주로 백과사전식 학술적·과학적인 정의가 아닌 낚시인 입장에서 설명하고자 한다.

어종	설명
붕어	민물낚시인이 가장 선호하는 어종이다. 입질 시 찌를 점잖고 우아하게 올려주는데, 이런 찌올림 맛은 붕어가 으뜸이다. 미끼 또한 가리지 않고 아무거나 잘 먹는 착한 식성을 가지고 있다. 붕어를 가까이 보면 착하고 선한 눈빛을 가지고 있어, 볼수록 귀엽다 "월척"이란 말도 붕어한테만 사용될 정도로 낚시인들에겐 각별한 존재. 전통 토종붕어 외에도 외국에서 들어온 일본붕어(떡붕어), 중국붕어(짜장붕어) 등도 있다. ▶ 일본붕어 특징은 체고가 높이 솟아 떡대가 크다고 해서 떡붕어, 중국붕어는 몸 전체 색깔이 까무잡잡하다고 해서 흔히 짜장붕어라고 불린다.

잉어	붕어 다음으로 찾는 어종이며, 일단 짧은 수염이 있으며 힘이 장사다. 동급 붕어랑 비교했을 때도 월등하며, 대부분 물고기는 수면에 띄워 공기를 먹이면 힘을 못 쓰는데, 잉어는 아랑곳하지 않고 힘쓰며 저항한다. 주로 곡물성 미끼를 좋아하고, 입이 아래쪽으로 향해 있어 입질 시 찌가 올라오는 것보다 옆으로 끌리거나 아래로 들어가는 경향이 있다. 대략 한 1자 반~2자(45~60㎝)가 넘어야 잉어라고 부르고, 그 이하는 발갱이라고 부른다. 크기가 2자 이상 되는 대형 잉어들은 어망에 넣어두면 '꺼억~꺼억~' 하고 특유의 울음소리를 내기도 한다.
향어	이스라엘 잉어라고 부르고, 외국에서 들여온 어종이다. 잉어처럼 짧은 수염이 있고, 빵(몸집)이 엄청 커서 물돼지라고 부른다. 비늘이 등 쪽에만 듬성듬성 있는 특이한 모습이고, 덩치에 비해 먹이를 흡입하는 힘이 약해서 입질할 때 찌가 한 마디 정도 깔짝깔짝거리는, 약간은 쪼잔한 입질을 보여준다. 덩치가 커서 낚았을 때 순간 파괴력은 최고이나 지구력이 약해서 초반 제압에만 성공하면 랜딩이 어렵지는 않다.
누치	잉어과에 속하긴 하나, 잉어에 비해 몸통이 얇고 길쭉하다. 특히나 입이 아래쪽을 향하고 있어 모양새가 어눌하게 생겼다고 해서 '눌치→누치'로 불리게 됐다고 한다. 강계에서 주로 낚이고, 입이 아래쪽에 있어 입질이 잉어와 비슷하게 찌를 옆이나 아래로 끌고 들어간다. 40㎝ 이하는 적비라고 부르고, 40~50㎝까지는 누치라고 부르고, 50㎝가 넘으면 멍짜라고 부른다고 한다.

메기	육식성 어종이고 야행성이다. 지렁이나 새우 등의 생미끼에 반응하고 먹이를 포악하게 집어삼켜서 바늘이 입 주둥이가 아닌 목 안쪽에 꽂히기도 한다(롱노우즈, 포셉가위 필수). 비늘이 없이 미끈하며, 입 옆으로 긴 수염이 2개 있고, 입 주위로 작은 수염들이 있다. 바닥이 진흙이나 뻘 같은 지형인 경우에서 많이 잡히며, 매운탕이 일품이다. 메기나 동자개, 가물치 등의 육식성 어종의 입질은 찌를 쑤욱 끌고 들어가서 수면에서 사라지는 패턴을 보인다.
동자개	흔히 빠가사리라고 부른다. 육식성 어종이고 야행성이다. 크기는 한 뼘 정도가 대부분인데, 등과 양쪽 아가미 끝부분에 두껍고 뾰족한 가시가 있어 잡았을 때 찔리지 않도록 조심해야 한다. 물밖으로 나오면 이 3개의 가시를 마구 움직여 "빠가빠가" 하는 소리를 내는데, 그래서 빠가사리라는 별칭을 얻었다. 크기는 작지만 입이 크고 포식적이라 목에 바늘이 걸리는 경우가 많다. 비늘이 없이 미끈하며, 입 주위로 8개의 가는 수염이 있다. 예전에 자주 잡혔는데, 최근에는 보기 드물어지는 어종. 물이 좀 깨끗하고 바닥에 돌이나 바위들이 많은 곳에서 많이 잡히며, 매운탕이 일품이다.
가물치	옛날에 산모(여자)에게 기력을 보충해 준다고 해서 가모(加母)치라고 불리다 가물치가 됐다는 설이 있다. 영양가가 많다고는 한다. 1미터 이상 자라는 대형 육식성 어종으로 민물 세계에선 상대할 어종이 없다. 황소개구리도 잡아먹을 정도니, 말 다했다. 그런데 다행히 무분별하게 사냥하진 않는다. 머리 모양도 그렇고, 길쭉한 몸에 얼룩얼룩한 뱀 무늬가 있어 생김새가 마치 아나콘타를 방불케 한다. 계곡형 저수지보다는 평지형이며 부들이나 마름 등의 수초가 많은 지역에 서식해서, 일반 낚시로는 잡기 힘들며, 만약 낚시에 걸렸어도 수조를 감아대는 통에 랜딩이 쉽지는 않다. 피부호흡이 가능하여 물 밖에 나와도 기어다니며 살 수 있다.

동사리	육식성 어종으로 야행성이고, 크기가 손바닥 안에 들어올 정도로 작다. 주로 꾸구리라고 부르며, 육식어종 치고는 생긴 것이 엄청 귀엽다. 쬐그맣고 몸에 얼룩무늬도 있어서 수족관에서 기르기 안성맞춤. 아쉽게도, 깨끗한 물에만 살아서 최근에는 동사리 잡히는 곳이 드물다.
장어	말이 필요 없는 몸보신에 좋은 어종. 저수지보다는 수심 깊은 강바닥을 기어다니므로, 릴낚시를 멀리 원투(원거리투척)하여 낚는다. 육식성 어종이고 야행성으로 미끼는 지렁이, 거머리, 미꾸라지 등을 사용한다. 장어는 원체 길어서, 크기를 논할 때 길이보다는 보통 무게로 얘기한다.
강준치	강에 주로 서식하며, 썩어도 준치라는 바다에 사는 맛좋은 준치와 닮았다고 해서 강준치라 부른다. 비린내가 심하고, 바다의 준치만큼 맛은 없다고 한다. 조폭물고기라 불릴 정도로 떼를 지어 다니며 성질이 포악하다. 낚시인들에게는 환영받지 못하는 어종이다.
기타	피라미, 참붕어, 각시붕어, 납자루, 버들치(중태기), 살치 등의 손바닥 이하 크기의 작은 물고기 들이 있다. 물론, 낚시인들의 대상어는 아니나 간혹 바늘에 걸려 올라온다. 가끔, 외래붕어(일본붕어, 중국붕어)와 차별을 두려고 우리나라 토종붕어를 참붕어라고 말하시는 경우를 자주 듣는데, 참붕어라는 공식 이름을 가진 작은 어종의 물고기가 따로 있다.

※ 대부분 민물어종 산란철이 3~7월이다. 특히, 붕어는 벚꽃 필 때 산란(3-4월)하고, 잉어는 아카시아 필 때 산란(5월)한다.

다음 어종들은 외국에서 들어와 우리나라 생태계를 파괴하는 어종으로 민물낚시인들이 매우 혐오하는 어종이다.

외래어종	생태계 피해
배스	번식력이 좋고 크기(보통 30~40㎝)가 커서 식용으로 연구할 목적으로 들여왔다가 전국에 퍼지게 되었고, 문제는 포악한 육식성 어종으로 우리나라 토종 물고기들을 다 잡아먹는다는 것이다. 먹고살기 위해서가 아닌, 닥치는 대로 무분별하게 물어뜯고 잡아먹는다는 것이 큰 문제다. 저수지에 배스가 풀리고 3년 정도 지나면 토종어종을 거의 찾아보기 힘들어진다. 배스보다 훨씬 큰 대물 붕어나 잉어만 살아남고 나머지 작은 어종들은 전멸. 그래서, 배스가 많은 저수지들을 대물터라고 부른다.
블루길	회색에 줄무늬가 있고 크기도 손바닥 만하게 작아서 관상용으로 들여왔다가 저수지에 퍼지게 되었다. 육식성 어종이지만 '크기도 작고, 입도 작아서 토종어종을 잡아먹겠나?' 싶지만 문제는 이 녀석들은 붕어나 잉어들이 산란해 놓은 알을 다 먹어치운다는 것이다. 결국 종족의 씨가 마른다. 어쩌면 배스보다 더하다.

※ 배스, 블루길이 함께 서식하는 저수지는 생태계가 '끝났다고' 보면 된다.

2. 채비

낚시 3요소 중 물고기를 잡기 위한 도구 즉 채비(장비)에 대해서 조금 상세히 설명하도록 한다.

채비라 함은 다음 그림에서 보는 것처럼 낚싯대뿐만 아니라, 낚싯줄(원줄+목줄), 찌, 봉돌, 바늘 등을 모두 통틀어 말하며, 민물 붕어낚시에서 사용되는 채비 중심으로 설명토록 한다.

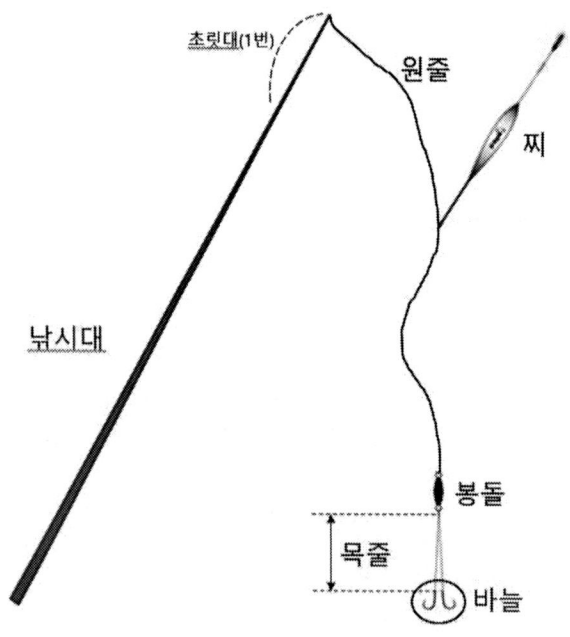

〈그림〉 민물낚시 기본 채비 구성도

1) 낚싯대

낚시하면 가장 먼저 떠오르는, 가장 필수적인 장비

분류	명 칭	설명
재질	대나무 대 (죽간)	옛날부터 사용되었던 전통 소재이며, 대나무 마디를 잘라서 가공한 후 꽂아서 연결하여 사용하였다. 지금도 어느 공방에서는 대나무 소재의 낚싯대를 만들어 내고 있다.
	글라스 대	70~80년대 초창기 낚싯대 소재로 사용되었으며 글라스파이버 원단 특성상 유연하고 질기고 튼튼하지만 무거운 것이 단점이다.
	반카본 대	80년대부터 2010년까지 사용되었고, 카본과 글라스를 믹스하여 만든 원단을 사용하고, 특성도 카본과 글라스의 중간 정도다.
	카본 대	80년대 중반부터 사용되어, 현재는 거의 모든 낚싯대에 사용되고 있으며 카본파이버 원단 특성상 탄성이 뛰어나고 가볍지만 강한 순간적 힘에 잘 부러지는 단점이 있다.
휨새	경질(선조자)	8:2 나 7:3의 휨새로 빳빳한 낚싯대
	중경(본조자)	6:4 휨새로 경질과 연질의 중간
	연질(동조자)	5:5 휨새로 다소 능청거리는 부드러운 낚싯대
펼침 방식	뽑기식	안테나 형식으로 뽑아서 쓰는 방식이며 대부분의 낚싯대가 여기에 속한다.

펼침 방식	꼽기식	마디마디를 꽂아서 쓰는 방식이며, 루어낚싯대나 일부 중증·내림 낚싯대에서 사용하는 방식이다.
단위	칸	길이를 나타내는 단위로 1칸=1.8미터

- 보통 2칸~3칸 길이의 카본낚싯대를 구입하면 무난하다
- 휨새에서 7:3, 6:4로 표현하는 것은 낚싯대에서 주로 휨새가 많이 나오는 위치(손잡이대 기준)를 말하며, 경질·중경·연질의 선택은 사용자의 낚시 취향에 따라 선택한다.

2) 낚싯줄

2-1) 원줄

원줄은 낚싯대에서 봉돌(도래)까지 연결되는 낚싯줄을 의미

분류	명칭	설명
재질	카본	나일론에 카본성분 함유해서 신축성이 없고 강력하고 뻣뻣하며 질기다. 비중이 높아 물속에 쉽게 가라앉는다.
	모노 (모노필라멘드)	나일론 소재로 한 올의 단일섬유로 만들어진 라인으로 카본라인보다 강도는 약하지만 부드럽고 신축성이 강하다. 비중이 약해 물속에서 뜨는 성향이 있다.
	후로로카본	카본줄 표면에 불소(Fluoro) 코딩하여 라인이 부드럽고 마찰에 대한 내열성을 강하게 만든 줄. 비중은 카본줄과 유사

비중	싱킹 타입	비중이 높아 물에 가라앉는 타입의 줄(주로 카본 라인)
	서스펜딩 타입 (세미플로팅)	싱킹과 플로팅의 중간 정도
	플로팅 타입	낚싯줄에 미세한 공기구멍을 형성하거나 자체 비중이 낮아서 물에 뜨는 타입의 줄
단위	호(호수)	호수가 커질수록 라인이 굵어진다

- 보통 2호~3호 라인을 사용하면 무난하다.
- 민물 바닥낚시에서는 카본 라인을 주로 사용하고, 중층·내림 낚시에서는 모노 라인을 주로 사용한다.
- 원줄 길이는 낚싯대 길이만큼이 적당하며, 낚싯대가 길어질수록(3칸 이상) 캐스팅을 쉽게 하기 위해서 10~40㎝ 정도 짧게 하는 것이 좋다.

2-2) 목줄

목줄은 봉돌(도래)에서 낚싯바늘까지 연결되는 낚싯줄을 의미

분류	명칭		설명
재질	합사	케블러	방탄조끼나 타이어표면에 사용되는 강한 소재인 케블러 라인으로 뻣뻣하며 질기고 강하다.
		폴리에틸렌 (PE)	폴리에틸렌으로 만들 줄로 부드러운 것이 특징

재질	모노 (모노필라멘드)	원줄에서 쓰이는 모노 줄과 동일하며 주로 긴 목줄 채비 시에 줄 엉킴이 적어서 많이 사용
단위	호(호수)	원줄처럼 호수가 커질수록 라인이 굵어진다.

원줄/목줄 분리하여 사용하는 이유

① 가끔씩 장애물에 걸리거나 채비의 한계를 넘는 물고기가 걸려서 어쩔 수 없이 채비의 어딘가가 끊어져야 하는 경우가 생기면, 낚싯대나 원줄이 끊어지는 것보다는 목줄에서 끊어지는 것이 채비 손실이 가장 적다.

② 목줄을 원줄보다 가늘게 사용하여 물고기가 흡입 시 이물감을 적게 느끼게 하는 등 대상어의 경계심을 완화시켜 확실한 입질을 받을 수 있게 한다.

※ 이런 채비 보호, 입질 강화 등의 중요한 이유에서 원줄과 목줄을 분리해서 사용하며, 따라서 목줄은 원줄보다 얇게 사용해야 한다.

목줄의 굵기(호수)는 일반적으로 원줄보다 얇게 사용하는데, 원줄 호수의 1/2, 2/3 정도로 사용하면 무난하다(예: 원줄 3호, 목줄 1.5호나 2호).
민물 바닥낚시에서 목줄의 길이는 8~10㎝ 정도가 적당.

목줄이란 말의 어원은 바늘 연결 시, 줄이 묶어지는 바늘 부위의 명칭에서 유래된 것이며, '4장 잘못된 속담'을 참고하면 금방 이해된다.

3) 찌

찌는 "찌톱+찌몸통+찌다리" 3부분으로 구성

구성	분류	명칭	설명
찌톱	형태	솔리드 톱	속이 꽉 차있고 가늘다.
		튜브 톱	두껍고 속이 비어있어 부력이 강함
찌몸통	재질	갈대	갈대로 만들었으며 길쭉한 모양에 민감도가 뛰어남
		오동	오동나무로 만들었으며 무겁고 듬직한 찌올림을 보여줌
		발사	발사나무로 만들었으며 목재 중에서 가장 가볍고 민감하여 현재 가장 많이 사용됨
		공작	공작 깃털을 쪼갠 후 이어붙여 만든 찌로 속이 비어있고 민감도 면에서 가장 뛰어나나 가격이 비싸다.
	형태	다루마 형 (오뚜기)	찌 몸통 모양이 동그랗다, 캐스팅시 찌톱이 오뚜기처럼 금방 일어나고, 흐르는 물에서도 찌톱이 잘 눕지 않는다.
		갈대 형	갈대처럼 도톰하게 길쭉한 몸통, 일반적이고 전형적인 모양
		팽이 형	팽이 모양으로 위쪽은 두껍고 아래쪽은 갈수록 얇아짐

찌다리	날라리	날라리 찌	날라리가 있는 것으로 고정찌고무에 꽂아 사용
		무날라리 찌	날라리가 없는 것으로 유동찌고무에 꽂아 사용
단위		호(호수)	호수가 높을수록 부력이 크다. 찌는 봉돌 호수와 관련이 있어, 몇호 봉돌을 사용하느냐에 따라 찌의 호수가 결정된다.

날라리: 찌다리 끝에 면사로 연결되어 흔들흔들 하는 2cm 정도 얇은 촉

- 보통 발사 소재의 3~5호 사이의 찌를 사용하면 무난하다. 짧은 대(3칸 이하)는 3호 이하 정도, 긴 대(3칸 이상)는 3~5호 정도.

4) 봉돌

미끼 달린 바늘을 물속에 가라앉히기 위해 사용되는 금속 재질의 추

분류	명칭	설명
재질	납	값이 싸고 재질이 부드러워 잘라가면서 무게 가감을 하며, 기존에 주로 사용되었으나 최근 환경오염 문제로 사용 제한
	황동/스텐	친환경 소재로 미세한 고리추를 가감해가면서 무게 조정을 하며, 봉돌 교체가 정밀하고 편리한 반면에 비싼 것이 단점

형태	고리봉돌	봉돌 위, 아래에 고리가 있고, 위쪽 고리는 원줄에 연결하고 아래 고리는 목줄에 연결한다. 봉돌에 도래의 기능을 포함시킨 것으로 주로 많이 사용한다.
	조개봉돌	조개 모양으로 한쪽은 붙어있고, 다른 쪽은 양갈래로 갈라져 있어서 낚싯줄에 끼운 후 눌러 붙여서 사용한다. 이 경우에는 도래를 사용해서 원줄과 목줄을 연결한다.
	구멍봉돌	봉돌 가운데 구멍이 뚫려있는 것으로 줄을 관통시켜 끼워서 사용하며 낚싯줄을 자유롭게 이동하므로 필요시 멈춤고무 등을 끼워서 유동 폭을 설정하여 사용한다.
	편납	납작하고 네모난 형태의 납으로 편납홀더라는 이름의 가늘고 긴 모양의 도래에 필요한 양만큼 감아서 사용한다.
단위	호(호수)	호수가 커질수록 무거워지는데, 민물 봉돌인 경우는 표준중량(1호=3.75g)이 있지만, 이와 별개로 제조사마다 각각 다른 호수별 중량으로 만들어낸다

- 보통 찌 호수에 맞춰서 선택하면 무난하다(예: 3호찌에는 3호봉돌).
- 도래: 원줄과 목줄을 따로 분리하여 연결하기 위해 사용하는 것으로, 민물낚시에서는 봉돌에 고리가 함께 붙어있는 경우가 많아서 따로 사용하지 않으나, 바다찌낚시에서는 도래를 필수품으로 사용한다.

5) 바늘

미끼를 끼워놓고 물고기가 흡입 시 챔질을 통해 낚아내는 채비의 최종단

분류	명 칭	설명
재질	강철	바늘은 모두 강철 소재
형태	붕어바늘	붕어용 바늘, 다나고/헤라 바늘이라고도 한다
	잉어바늘	잉어용 바늘로 같은 호수라도 붕어바늘보다 크다
	감성돔바늘	크고 바늘 끝이 안쪽으로 많이 굽어져 있다
	메지나바늘	뱅에돔 바늘로 바늘 허리가 좀 길다
	돌돔바늘	굵고 억세고 강하다
미늘	미늘바늘	미늘이 있는 바늘로 일반적이다
	무미늘바늘	미늘이 없는 바늘로 손맛터(캐치&릴리즈)에서 주로 사용된다
바늘 개수	2봉	바늘 2개사용, 민물낚시 표준으로 자리 잡음
	3봉	바늘 3개 사용, 묶음바늘로 팔기도 함
	외봉	바늘 1개사용, 수초가 많은곳, 대물낚시에서 즐겨 사용
	멍텅구리	가운데 납추가 있고 주위로 바늘이 5~6개 매달려 있음

강도	HHHH	부러지지 않고 펴지는 바늘
	HHHHH	중간 정도
	HHHHHH	강도가 세고, 펴지지 않고 부러짐
단위	호(호수)	호수가 높을수록 바늘이 커진다

- 바늘은 대상어에 맞춰서 선택하며 보통 중간 사이즈면 무난하다.
- 붕어바늘인 경우 6~8호 정도.
- 참고로, 바늘을 정면으로 세워 바라보면 끝이 한쪽으로 약간 휘어져 있는데 이는 후킹(입걸림)이 잘 되도록 하기 위함이니 결코 불량은 아니다.

6) 기타 필수장비

- 가방: 보유한 낚싯대나 받침대 등 기타 물품 보관 양을 고려한다.
- 의자: 의자 앞·뒷다리가 조절되는 것이 좋으며, 최소한 뒷다리 조절은 필수다.
- 앞받침대: 낚싯대를 거치하기 위한 것으로 길이에 맞춰서 준비한다.

  ⓔ 3칸 미만: 2절, 4칸 미만: 3절, 5칸 미만: 4절, 6칸 미만: 5절 등

- 뒤꽂이: 낚싯대 손잡이 부분 거치용으로, 받침틀 사용 시는 불필요
- 살림망(어망): 잡은 고기를 넣어두는 어망
- 뜰채: 큰 물고기 들어 올리다가 바늘털이로 놓친 후에 사는 품목. 낚싯대 편성 후 필히 준비해야 할 품목, 필자는 낚싯대 보다 우선함.
- 떡밥그릇
- 파라솔

7) 야간(밤) 낚시 필수품
- 랜턴, 모자후레쉬: 랜턴 외에 모자의 챙에 꽂는 모자후레쉬가 최고
- 캐미(캐미컬라이트): 찌 끝에 꽂아서 야간 입질을 파악하기 위한 용도
- 무미늘 바늘: 초보자인 경우 바늘 찔림에 대비하여 무미늘 바늘 추천

3. 미끼

미끼는 대상어를 유혹하여 입질을 받아내기 위한 재료다. 낚시 채비의 가장 끝(바늘)에 위치하는데, 이 영역이 인간과 어류의 경계

선이라 생각되며, 미끼는 결국 두 세계의 경계를 허물어주는 매개체가 된다. 낚시인과 대상어를 연결해 주는 유일한 매개수단이자 연결고리인 셈이다.

미끼 선택은 낚아내고자 하는 대상어에 따라, 그리고 대상어의 식성이나 성향에 따라 그때그때 달라진다.

대상어를 잘 꾀어서 잡아낼 수 있는 미끼… 중요합니다.

민물 붕어낚시에 사용되는 미끼 종류에 대해 알아보자.

구분		설명
떡밥	식물성 떡밥	곡물가루를 주원료로 하며 깻묵가루, 콩가루, 보리가루, 감자가루, 옥수수가루 등이 있으며 냄새가 고소하다.
	동물성 떡밥	어분이나 새우가루 등의 동물성 가루를 주원료로 하며 냄새가 좀 꼬리꼬릿한데, 물고기는 좋아한다.
생미끼		지렁이, 새우(징거미 제외), 참붕어 등의 살아있는 미끼를 말한다. 새우, 참붕어 등의 생미끼는 떡밥보다 낚시바늘에 장시간 붙어 있어 다대편성하는 대물 낚시에서 주로 많이 사용한다.
글루텐 (Gluten)		일본 모회사에서 연구를 통해 떡붕어 전용떡밥으로 만들어낸 화학적 합성미끼로 바늘에 오래 붙어있도록 끈적끈적하며 바닐라, 딸기 등의 향긋한 향을 가미하여 냄새가 좋다. 이런 글루텐의 효과가 어느 정도 인정되면서, 선풍적인 인기를 얻어 우리나라에서도 한국형 글루텐 계열 떡밥들이 다양하게 만들어져 판매되고 있다.

옥수수	식용으로 판매되는 캔 옥수수 통조림에 들어있는 옥수수 알을 말한다. 낚시바늘에 옥수수 알 1~2개 끼워서 사용한다. 생미끼처럼 장시간 낚싯바늘에 붙어있어, 다대편성하는 경우에 많이 사용한다.

떡밥을 배합 시에는 물 배합이 매우 중요하며, 집어용으로 사용할 때는 보슬보슬하고 거칠어 물속에 들어갔을 때 잘 풀리도록 하고, 먹이용으로 사용할 때는 쫀득하니 찰져서 오래 바늘에 달라붙도록 해야 한다.

먹이용으로 쓴다고 너무 찰지고 단단하게 배합하여, 바늘에서 떨어지지 않게 오랜 시간(10분 이상) 단단하게 붙어 있으면 좋지 않다.

보통은 떡밥 사용시에는 캐스팅하여 물속에 던져 넣고 10분 정도 지나서 낚싯대를 들었을 경우, 절대로 떡밥이 바늘에 붙어있지 않도록 해야 한다.

이 부분에 대해서는 다음 목차인 '낚시용어 및 상식'에서 구체적으로 설명하도록 한다.

참고로, 루어미끼(인조미끼)에 대해서도 알아보자.

구분	설명
웜 (Worm)	지렁이, 거미, 벌레 등의 모양으로 만들어진 고무 재질의 부드러운 인조 미끼로 값이 싸고 다양한 모양과 색깔로 배스낚시에서 주로 사용한다
미노우 (Minnow)	작은 물고기 모양을 한 플라스틱 소재의 단단한 형태의 인조 미끼로 표층에 뜨거나 원하는 수심층으로 가라앉는 등 다양하다
에기 (えぎ)	바다에서 쭈꾸미, 갑오징어 등의 두족류 어류를 잡기 위한 것으로 새우 모양으로 생겼으며, 일본에서 유래된 에기(일본어: 나무미끼)를 사용하는 것에서 유래되었다고 하며, 이런 낚시를 에깅 낚시라고 한다
지그 (Jig)	금속 메탈 재질로 만들어진 물고기 형태의 묵직한 인조 미끼를 말하며, 주로 바다에서 방어, 부시리, 대구 등의 깊은 수심의 물고기를 잡기 위해 사용되며, 이런 낚시를 지깅 낚시라고 한다
훅 (Hook)	플라이 낚시에서 주로 사용하며 바늘 위에 직접 묶어서 사용하는 인조 미끼로 파리, 잠자리, 해치 모양 등으로 다양하다

낚시 용어 및 상식

취미나 직업 등 각각의 분야마다 그 집단 사이에만 일상용어처럼 사용되는 말들이 있다. 남들이 들으면 다소 생소해도 그 분야에서는 쉽게 통하는 말이다. 낚시 세계에서도 마찬가지다.

그래서 낚시에서 자주 쓰이는 생활(전문)용어를 소개하고자 하며, 더불어 낚시할 때 알아두면 좋은 상식적인 정보도 설명하려고 한다.

전문적으로 들어가자면 한도 끝도 없는 부분이지만, 기본적인 개념을 알아두는 정도라고 생각하면 되겠다.

자주 쓰는 용어

- 입질(어신): 물고기가 미끼를 먹으려고 흡입할 때 찌에 신호가 나타나는데 이것을 주로 입질이라고 표현하며, '어신'이라고도 부른다.
- 챔질: 입질이 와서 찌가 크게 반응(상승, 하강)하면, 낚싯대를 빠르고 강하게 들어올리는 행위를 챔질이라고 한다.

- 캐스팅: 낚싯대를 휘두르거나 앞으로 튕겨내서 미끼(바늘)를 원하는 지점으로 날려 보내는 행위를 캐스팅(Casting) 이라고 한다.
- 후킹(입걸림): 바늘이 물고기의 입언저리에 걸려야만 낚아낼 수 있는데, 바늘의 입걸림을 후킹(Hooking)이라고 한다.
- 랜딩(끌어내기): 물고기가 바늘에 걸렸을 때 뭍가로 끌어내는 행위를 랜딩(Landing)이라고 표현한다.
- 포인트(낚시자리): 낚시하는 자리를 말하며, 특히나 물고기가 많이 잡힐 것 같은 곳을 포인트(Point)라고 말한다.

전통낚시(바닥낚시)

우리나라 민물에서의 전통낚시는 바닥 낚시다.

바닥 낚시는 봉돌이 바닥에 가라앉고, 바늘에 달린 미끼가 바닥에 위치한다는 의미다. 이러면 물고기들이 미끼를 물었을 때 보통은 수면에 있는 찌가 올라오게 된다.

그래서 다른 말로는 올림낚시라고도 한다.

참고로 내림낚시는 바늘만 바닥에 내려져 닿아 있고 봉돌은 떠 있는 상태이고, 중층낚시는 봉돌과 바늘이 모두 중중에 떠 있는 상태로, 내림낚시나 중층낚시 모두 입질 시에는 찌가 주로 끌려 내려가는 형상을 보인다.

떡밥 낚시

떡밥은 본래 가루 형태다. 이런 가루를 물과 섞어서 반죽처럼 만들어서 미끼로 사용하는 것이다. 그래서 떡밥 미끼는 바늘에 뭉쳐져서 물속에 들어가게 되면 입질이 없어도 자연적으로 풀어져서 녹아내린다.

이처럼 무너져 내린 떡밥 사이에 바늘이 위치하는 것이고, 물고기들이 바닥에 펼쳐진 떡밥을 흡입할 때 바늘이 입속에 빨려 들어가게 된다.

그러면 찌에서 신호가 나타나게 되는 것이고, 우리는 이것을 '입질'이라고 부른다.

가끔씩 낚싯대를 들었을 때, 떡밥이 없으면 '그새 다 따먹었다'라고 하는데, 이것은 떡밥이 자연적으로 풀어져 내린 것으로 지극히 자연스러운 현상이다.

오히려 떡밥이 그대로 딸려오면 안 된다. 너무 돌덩이처럼 단단히 뭉쳐서 물속에서 풀어지지 않으면 쉽게 입질을 받을 수 없으며, 이런 돌덩이 떡밥은 허물어져 내리는 데 오랜 시간이 소요되어 그만큼 입질받는 타이밍이 더뎌지게 된다.

그런데 가끔씩 피라미의 성화가 심한 특수한 경우에는 일부러 이렇게 돌덩이처럼 사용하기도 한다.

일반적인 경우에는 떡밥이 가급적 쉽게 풀어져서 빈 바늘만 올라와야 좋다.

생미끼 낚시

생미끼로는 주로 지렁이와 새우를 이용하는데, 바다낚시에서도 갯지렁이와 크릴새우가 단골 메뉴로 사용된다.

떡밥낚시와 달리 낚싯바늘에 생미끼를 직접 꽂아서 매달아 놓은 상태이므로 대상 어종이 바늘을 직접 공략하게 되는 형상이며, 떡밥 낚시와 달리 바늘에서 미끼가 빠져 있으면 입질을 받을 수 없으니 간혹 확인해야 한다.

떡밥 낚시에 비해 미끼를 자주 갈아줘야 하는 번거로움이 적고, 한 번 미끼를 달아놓으면 입질이 올 때까지 그냥 두고 기다린다.

생미끼는 물속에서도 계속 살아 움직이게 하는 것이 입질을 유도해내는 데 효과적이므로, 바늘로 생미끼를 끼울 때는 급소를 피해서 끼우는 것이 중요하다.

새우는 머리나 척추신경 쪽을 피하고, 지렁이는 환대(몸통 중간 부분의 두꺼운 띠)가 급소이므로 그곳을 피해서 바늘에 끼워야 한다.

대물 낚시

큰 물고기만 골라서 잡겠다는 의미에서 대물낚시라고 부른다.

물고기 회유하는 길목을 노려 낚싯대를 다대 편성(10대 정도) 하고, 미끼도 자주 갈아주지 않아도 되는 생미끼 위주로 사용한다.

대물을 끌어내기 위해 낚싯대도 질긴 것을 사용하고, 낚싯줄도 보다 강하고 굵은 것을 쓰며, 바늘 역시 작은 물고기들은 입에 넣지 못할 만큼 큰 바늘을 즐겨 사용한다.

이처럼 채비 면에서도 다소 강하게 사용하는 특징을 가진다.

10대 혹은 그 이상의 많은 낚싯대를 사용하기 때문에 미끼를 갈아주는 불편을 최소화하기 위해서 떡밥보다는 생미끼나 옥수수 알, 콩 등을 주로 사용한다.

여러 대의 낚싯대를 부채꼴 모양으로 편성해 놓은 후, 조용히 침묵하며 입질을 기다리는 스타일의 낚시로 마치 초병이 경계서는 듯한 느낌이 든다.

챔질의 중요성

물고기 입에 바늘이 들어가면 일단 찌에서 반응(찌가 올라오거나 내려가거나 옆으로 끌리는 동작)이 나타나는데, 이 순간 물고기는 이물감을 느껴서 곧바로 바늘을 뱉어낸다. 따라서 물고기가 바늘을 뱉어내기 전에 챔질을 해서 바늘이 입술이나 턱에 꽂히도록 해야만 낚을 수 있다.

그래서 챔질은 정확한 타이밍에 강하고 빠르게 해야 한다.

챔질할 때 낚싯대를 머리 위까지 90°로 너무 많이 치켜들면 나뭇가지나 낚시터 지붕에 낚싯줄이나 바늘이 걸리는 경우가 생기므로 수평으로 되어 있는 낚싯대를 위쪽으로 45° 정도만 빠르고 간결하게 하는 것이 중요하다.

생활 속의 낚시 도량형

앞서 채비에서 낚싯대 길이를 나타낼 때 '칸'이라는 단위를 쓰며, 한 칸이 1.8미터라고 했다.

건물 넓이를 말할 때 쓰이는 1평이 바로 가로×세로 1.8 미터를 말한다. 소설이나 수필에서 가끔씩 등장하는 단칸방이라고 말하는 방의 크기가 결국은 1칸방. 즉, 가로×세로 1.8미터인 1평 너비의 방을 의미하는 것이다.

그리고, 봉돌 무게나 찌의 부력을 얘기할 때 '푼, 호'라는 단위를 사용한다. 1호는 3.75g이다. 그렇다. 금은방에서 얘기하는 1돈 무게와 같다.

1호는 1돈이며, 10호는 1냥, 100호는 1근, 1000호는 1관(3.75kg)을 말한다.

돼지고기 등의 1근은 600g이지만, 원래 1근은 375g으로 아직도 채소나 과일 등에서는 이 수치를 사용한다. 1푼은 1근의 1/10이다.

	1푼	**1호(돈)**	10호(냥)	100호(근)	1000호(관)
무게 (g)	0.375	**3.75**	37.5	375	3,750

※ 낚시바늘, 낚싯줄도 사이즈를 호수로 구분하는데, 호수가 클수록 바늘 크기나 낚싯줄 굵기가 커진다(여기서의 1호는 3.75g 무게와는 전혀 상관없다).

낚싯대 절번(마디번호)

낚싯대는 여러 개의 마디(절)로 구성되어 있고, 이런 각각의 마디를 꽂아서 사용하는 '꽂기식' 낚싯대와 안테나처럼 뽑아서 쓰는 '뽑기식' 낚싯대가 있으며, 대부분의 낚싯대가 뽑기식 낚싯대이고, 중층이나 내림에서 사용하는 낚싯대들이 일부 꽂기식을 채용하고 있다.

각각의 마디를 연결하여 하나의 낚싯대를 이루며, 마디별로 번호가 있는데, 젤 얇은 쪽(낚싯대 들었을 때 맨 끝)부터 1번(=초릿대), 2번, 3번 순으로 부른다.

그러다가 손잡이 잡는 부분은 바톤대라고 흔히 부르는데, 이는 영어의 Butt(밑둥)라는 말을 우리가 쉽게 바톤이라고 부르는 것이다.

낚싯대가 길어질수록 마디 절번 개수가 많다.

월척(越尺)

　월척이라 하면 1자(尺:자 척, 30.3㎝)를 넘는다는 말이고, 월척은 토종 붕어에만 해당한다. 중국 붕어, 일본 붕어는 제외.

　잉어, 향어, 누치 등은 30.3㎝를 넘어도 월척이라 부르지 않는다. 이런 물고기들은 워낙 성장 속도가 빨라서, 1자 넘게 크는 것이 시간 문제다.

　토종 붕어는 알에서 부화해서 2년 정도면 20㎝ 정도의 성어가 된다. 그때부터는 1년에 1~2㎝씩 자란다는 것이다.

　그래서 월척이라 하면 보통 10년 가까이 오래 산 붕어로 경계심도 많고 수중생활에서의 경험이 풍부해서 잘 낚이지 않는다.

　일본에서 들여온 떡붕어는 성장 속도가 토종 붕어보다 훨씬 빨라서 쉽게 큰다. 그래서 1자 넘어도 월척으로 쳐주질 않는다.

　토종붕어 40㎝ 이상은 4짜, 토종붕어 50㎝ 이상은 498(사구팔)이라 부른다. 왜 5짜가 아니고 498일까?

　이것은 50㎝ 넘는 붕어는 거의 없으며, 이런 보기 드문 영물을 낚았을 때는 붕어에 대한 존경의 의미로 사구팔(49.8㎝) 낚았다고 겸손하게 부르는 것이다.

기타

- 두더지: 파라솔을 땅에 꼽기 위해서 사용하는 보조 도구로, 스크루 나사형태모양으로 땅을 잘 파고들며, 돌이나 자갈 섞인 단단한 땅에서 효과를 발휘한다.
- 총알: 대물급 물고기들이 낚싯대를 끌고가서 분실되는 것을 방지하기 위해 손잡이대(바톤대) 끝부분 고리에 연결하는 동그란 형태의 무게 추.
- 초릿대(호사끼) 슬라이드: 가끔 낚싯대 접을 때 마디가 안 들어가는 경우가 있는데, 무리하게 넣으려 하다가 부러지는 경우가 왕왕 발생한다. 이럴 때 이것을 사용하면 쉽게 들어간다.
- 대포: 낚시 중에 필요시 낚싯대를 수직으로 꽂아 임시 거치하기 위해 사용하는 짧은 파이프(10㎝ 남짓) 모양의 거치도구. 생긴 모양이 대포와 닮았다.
- 살림망: 어망이라고 불리고 물고기를 잡아서 임시로 넣어두는 망이다.
- 뜰채: 사이즈가 큰 물고기들은 끌어올려서 물위로 들어올릴 경우 바늘털이가 심해서 대부분 빠지고 놓치게 된다. 그래서 수면 가까이 왔을 때 물고기를 떠서 건지는 도구이다.

※ 뜰채나 살림망은 모기장처럼 틈새 구멍이 미세한 고운 망과 틈새 구멍이 넓은 굵은 망이 있는데, 굵은 망은 간혹 물고기 비늘이 망 사이에 껴서 벗겨지

는 경우가 발생하기도 하고, 특정 저수지에서는 거머리들이 틈새로 들어와 물고기를 습격하는 경우가 발생하기도 한다. 그래서 이를 막기 위해 고운 망을 쓰기도 하는데, 대신 고운 망은 비린내가 많이 난다는 단점이 있다.

낚시 종류

낚시의 종류에 대해서 알아본다.

바다낚시, 민물낚시, 릴낚시, 대낚시, 루어낚시, 바닥낚시, 중층낚시, 내림낚시, 장어낚시, 잉어낚시, 배스낚시, 쏘가리낚시, 애깅낚시, 지깅낚시, 플라이낚시 등 다양한 장르가 있고, 또 여러가지 용어로 표현되고 있지만 결국은 앞서 얘기한 낚시의 3요소에 의해 구분된다.

이것을 간단하게 표로 그려보면 아래와 같다.

낚시 3요소		낚시 종류
대상어		바다낚시 / 계곡낚시 / 민물낚시
채비	낚싯줄 운용	릴낚시 / (민)대낚시
	낚시찌 활용	찌낚시 / 맥낚시
	미끼 (봉돌) 위치	바닥낚시 / 내림낚시 / 중층(표층)낚시
미끼		생미끼낚시 / 떡밥낚시 / 루어낚시

일단, 낚고자 하는 대상어가 서식하는 곳에 따라서 낚시하는 장소(바다, 계곡, 민물)가 결정되고, 낚으려 하는 대상어의 습성에 따라서 채비가 결정된다.

채비도 낚싯줄 운용(원거리/근거리 공략)에 따라 릴에 감아서 사용하는 릴낚시와 낚싯대 끝에 직접 묶어서 사용하는 (민)대낚시로 구분되고, 대상어 입질을 파악하기 위한 찌(막대찌, 구멍찌)의 사용 유무에 따라 찌낚시와 맥낚시(손의 느낌이나 낚싯대의 휨새로 파악)로 나누어진다.

그리고 미끼를 어떤 종류를 사용하느냐에 따라 생미끼(지렁이, 새우, 미꾸라지 등) 낚시와 떡밥낚시, 루어낚시(인조미끼)로 나눈다.

낚시 3요소에 따른 낚시종류의 요소를 조합해 보면 다음과 같다. 저수지에서 붕어를 낚으려면 '민물낚시+대낚시+찌낚시+바닥낚시+떡밥(혹은 생미끼)낚시'가 조합된다. 이런 낚시를 우리는 보통 '민물대낚시'라고 부르는데, '민물떡밥낚시'나 '민물바닥찌낚시'라고 불러도 무방하다.

또한, 저수지의 배스를 낚으려면 '민물낚시+릴낚시+맥낚시+중층낚시+루어낚시'가 조합되는데 이런 낚시를 우리는 보통 '루어낚시'라고 부른다. '민물루어릴낚시'라고 말해도 된다.

그리고 바다에서 감성돔 낚시를 하면 '바다낚시+릴낚시+찌낚시+중층낚시+생미끼낚시(새우)'가 조합되고, 이를 우리는 보통 '바다찌낚시'라고 부르며 위에서처럼 다양하게 조합하여 부를 수도 있다.

낚시하는 조법(방법, 기술)은 분명히 대상어의 습성과 깊은 연관이 있다.

낚시를 잘하려면 우선 대상어의 정체성과 생활습성(유영층, 먹이, 생태, 산란 등)에 대해 연구하고 많이 알고 있어야 하는데, 이는 '지피지기 백전불패'라는 말과도 일맥상통한다고 할 수 있다.

표층이나 중층에서 생활하는 물고기를 낚으려면 해당 수심을 노려야 하고, 바닥에서 노는 물고기들을 낚기 위해서는 바닥을 공략하는 등의 채비 선택은 전적으로 물고기 습성에 맞춰져야 한다.

채비가 결국 조법을 의미하기도 하는데, 채비를 구성하는 품목(낚싯대, 낚싯줄, 찌, 낚시바늘)이 너무도 많고, 이를 조합해서 만들어지는 채비 방법도 너무도 다양하여, 이것만 설명하려 해도 책 절반 분량은 족히 될 것이다.

채비에 꼭 정답이 있는 것은 아니지만, 일반적으로 특정한 어종을 낚을 때에는 그에 맞는 채비를 사용하는 것이 바람직하므로 자세한 것은 인터넷이나 주위의 전문 낚시인에게 문의하길 바란다.

낚시는 과학이다

어느 광고에서 '침대는 과학이다'라고 했는데, 나는 '낚시는 과학이다'라고 말하고 싶다.

처음 낚시할 때는 몰랐는데, 오랫동안 하다 보니 낚시는 물리학적인 힘의 법칙이 정확히 적용되는 과학적인 레포츠라는 느낌을 강하게 받는다.

낚시에 작용되는 힘에는 침력(중력), 부력, 표면장력, 탄성(복원)력, 인장력 등이 있다.

캐스팅을 하고 나면, 우선 중력의 법칙에 따라 무거운 봉돌이 물속에 가라앉는 침력이 발생하고, 다음으로 나무재질의 찌가 물에 떠 있으려고 하는 힘인 부력이 작용하여 봉돌의 침력을 상쇄시키게 된다.

이로써 침력(중력)과 부력의 힘의 균형이 발생하고 채비가 정렬되게 된다.

채비가 정렬되고 나면, 찌하고 맞닿아 있는 수면에서는 표면장력이라는 힘이 작용하게 된다. 표면장력은 찌의 몸통이나 찌톱,

캐미 등 수면에 맞닿아 있는 물체를 물이 당겨 잡고 있는 힘으로 미약하지만 확실하게 작용하고 있으며 물체의 부피가 클수록 크게 작용한다.

이런 힘의 균형을 깨는 것은 다름 아닌 물고기의 입질이다. 이런 입질로 인해 결국 물리학적인 힘의 균형이 깨지게 되어 찌가 반응하게 되고, 이런 찌의 반응을 통해서 물고기를 낚아낼 수 있는 것이다.

그리고 물고기를 낚아서 끌어내기 위해 힘겨루기 할 때는 낚싯대의 탄성력이나 낚싯줄의 인장력 등이 크게 작용하게 된다.

탄성(력)이 뛰어난 카본 소재로 만든 낚싯대는 물고기의 저항하는 힘에 맞춰서 휘어지면서 완충 작용과 함께 휘어진 만큼 복원하려는 힘으로 물고기를 끌어당기게 된다.

이런 과정에서 낚싯대뿐만 아니라 낚싯줄의 인장력도 한몫하게 되는데, 탄성의 한계를 보완해주기 위해 낚싯줄의 인장력이 사용된다.

채비에서 나타나는 탄성력과 인장력 덕분에 물고기들과의 팽팽한 힘 대결이 가능해지는 것이다.

힘의 원리에 관하여 얘기하다 보니, 어느 책에선가 우주의 근본적인 법칙은 인력(끌어당김)의 법칙이라고 했던 말이 생각이 난다.

열심히 노력하고 성실히 생활하면 성공이나 재물이 개인들 스스로에게 끌어 당겨지는 것이지, 그것을 좇는 것은 바람직하지 않다는 것이었다.

낚시도 비슷하다.

물고기를 쫓아다니며 잡는 것이 아니라 미끼로 물고기를 유혹하여 낚아내는 것으로, 어느 정도는 인력(끌어당김)의 법칙이 작용하고 있다고 볼 수 있겠다.

구조오작위(九釣五作尉)

이외수 작가님의 『사부님싸부님 2』라는 책에 낚시인의 성장과정(단계)을 명쾌하게 표현하고 있어 간략히 소개하고자 한다.

1단계: 조졸(釣卒)

한마디로, 초보자 단계로 마음가짐이나 행동이 치졸함을 벗어나지 못한 단계다.

이 단계에서 낚시줄 엉킴, 바늘 걸림, 초릿대 파손 등이 잦고, 고기를 잡기 위해 수단과 방법을 가리지 않으며, 고기가 안 잡히면 술과 같은 여흥을 찾는다.

2단계: 조사(釣肆)

낚시 장비나 기술 면에서 어느 정도 구색을 갖추고 있으며 낚시 관련한 얘기나 정보에 지대한 관심을 갖는다. 하지만, 옆사람이 자기보다 큰 놈을 올리거나 마릿수가 많으면 의기소침해지도 한다.

3단계: 조마(釣痲)

낚시에 미치는 단계이며, 낚시 생각이 늘 떠나지 않으며, 일주일에 한 번 정도는 낚시질을 가지 않으면 몸살이 날 지경이다. 주말에 친구, 친척들의 경조사에 핑계대고 참석하지 않고 낚시하며, 더러는 결근도 불사한다.

4단계: 조상(釣孀)

과부 상(孀). 배우자의 주말 과부는 고사하고, 격일 과부로 만드는 사람들도 얼마든지 있다. 사업조차 낚시 때문에 시들해져 버리고, 급기야는 잦은 부부싸움 끝에 이혼하는 사례까지도 있다.

5단계: 조포(釣怖)

낚시에 대해 공포감을 느끼는 단계. 이쯤에 이르러서는 갑자기 절제를 시작한다.

취미를 다른 것으로 바꾸어 보려고 노력한다.

낚시 때문에 인생 전체를 망쳐버릴 듯한 생각까지 들기도 한다.

6단계: 조차(釣且)

또 차(且). 다시 낚시를 시작하는 단계. 행동도 마음가짐도 무르익어 있다.

고기가 잡히건 잡히지 않건 상관하지 않으며, 낚싯대를 드리우면 고기보다 세월이 먼저 와서 낚시 바늘에 닿아 있다.

7단계: 조궁(釣窮)

이제부터는 낚시를 통해서 도를 닦기 시작하는 단계다.

세부 단계로 중세시대 귀족 작위처럼 남작, 자작, 백작, 후작, 공작의 단계가 있으며, 마음 안에 자비와 후덕함을 갖추고 모든 것을 비우는 단계이다.

8단계: 조성(釣聖)

낚시의 도인이 된다.

9단계: 조선(釣仙)

비로소 신선이 된다.

낚시 장소별 특성

 민물 낚시하는 장소는 대부분 저수지, 강, 수로, 댐 등으로 구분할 수 있으며 각각 장소별 특징이나 매력에 대해서 알아보기로 한다.

저수지(낚시)

 원래는, 농사에 필요한 물을 공급하기 위한 목적으로 만든 곳이며, 축조 후 치어를 방류하여 지금의 수중 생태계가 조성되었다.
 강이나 하천이 많아 농사에 필요한 물 대기가 유리한 지역이나 농사지을 논·밭이 없는 곳은 저수지가 드문 편이다.
 저수지는 지형별로 계곡형, 준계곡형, 평지형 저수지로 나눌 수 있다.

구분	특징
계곡형	산중턱쯤 위치하고, 계곡에 제방을 쌓아서 물을 막아서 생성된 저수지. 제방이 굉장히 높고, 수심이 깊고, 수초가 드물다. 계곡을 막은 곳이다 보니, 물이 깨끗하고 경관이 수려하다. 물고기의 성장속도나 개체수 증가 면에서는 평지형 저수지보다 늦다. ▶ 한여름에도 새벽에는 산골짜기를 타고 내려오는 한기로 엄청난 추위를 경험할 수 있으니 야외난로 등 보온에 유념
평지형	산이 드문 지역이나 들판 같은 다소 평평한 곳에 축조된 저수지. 제방이 높지 않고, 수심이 얕고, 수초가 많이 발달해 있다. 수심이 깊지 않고 수초가 많은 관계로 물색은 다소 탁도가 있는 편이다. 계곡지보다 물고기 개체수가 확실히 많다
준계곡형	계곡형과 평지형의 중간 쯤

※ 나주, 경산, 영천 지역은 저수지의 메카로 불릴 만큼 많은 저수지가 분포
▶ 무너미라는 재미난 순 우리말(물넘이) 이름을 가진 구조물이 저수지 제방 끝에 있는데, 제방보다 높이가 낮아 저수량 수위가 만수위에 가까워지면 이곳으로 자연적으로 넘쳐 흘러나가도록 되어 있다. 물이 저수지 제방까지 넘쳐서 그 수압으로 붕괴되는 것을 방지하기 위한 기능을 하며, 결국 무너미의 높이가 저수지의 최대 수위가 된다.

강(낚시)

흔히 말하는 4대강 외에 'xx강'이라는 이름을 가진 모든 곳으로 일단 폭이 넓고 물이 깊으며 수초가 없다.

물이 지속적으로 흐르고 있어, 상대적으로 흐름이 적은 곳을 택해서 낚시를 한다

강의 가장 큰 장점은 낚이는 어종이 다양하다는 것이며, 저수지에 사는 어종과 강계에만 사는 어종이 모두 낚인다.

깊고 강한 물살에서 사는 환경 탓으로 저수지보다 물고기들의 힘이 좋다.

수로(낚시)

어종은 강과 비슷하고 수심이 대체적으로 얕고 수초가 많이 발달해 있다.

저수지나 강보다는 수로가 훨씬 많아서 접근성은 좋지만 수심이 얕고 폭이 좁아서 낚시하기 힘든 곳이 많다.

수로에 가끔씩 '보'라고 해서 1미터 남짓한 시멘트 둑으로 막아놓은 곳이 있는데, 이곳은 수심도 1미터 남짓해서 낚시가 용이하고, 물고기도 다양하게 많이 잡혀서, 보낚시를 재미로 하시는 분들도 많다.

수로인데도 가끔씩은 강이라 믿겨질 만큼 크고 넓은 곳도 있어, 이런 곳에서 낚시가 많이 이루어진다.

수로는 특이하게도 야행성 어종 제외하고는 밤낚시가 잘 안되는 편이고, 초저녁과 새벽녘에 입질이 집중되는 경우가 많음

※ 수로는 여름철에 특히나 모기, 날파리 등의 성화가 심하니 참고 바람

댐(낚시)

댐이 축조되면서 인공으로 만들어진 큰 호수에서 낚시를 한다.

넓고 광활한 물과 주위의 산세들이 조화를 이뤄 웅장함을 자아낸다.

물고기는 잘 안 잡히는 편이지만, 밤이 되면 온갖 야생의 새소리, 들짐승 소리 등으로 아름다운 분위기를 만들어, 실로 밤의 경관은 최고다.

댐도 준공 당시 생태계 보존차원에서 치어 방류를 많이 해서 충분히 개체수가 있어야 하는데, 희한하게 댐은 갈수록 어자원이 줄어드는 것 같다. 이에 대한 이유 중 가장 유력한 것이 댐에 사는 물고기들은 산란이 늦고, 산란 하자마자 농번기로 인한 배수가 시작되어, 결국 상류 수초에 붙여놓은 알들이 모두 물 밖에서 드러나 부화가 안 된다는 것이다.

댐은 상수원보호구역으로 낚시 금지하는 구역이 많으니 사전에 알아보고 낚시해야 한다.

유료낚시터

입어료를 내고 낚시하는 곳으로 저수지나 작은 소류지 등에 좌대나 낚시 편의시설(주차장, 화장실, 식당 등)을 설치하고 운영하는 곳이다.

간혹, 낚시터 주인이 저수지 주인이라고 생각하시는 분들이 많은데, 우리나라의 모든 저수지는 한국농어촌공사(구:농업기반공사)에서 소유·관리한다. 결국 국가 소유인 것이다.

낚시터 주인은 낚시 영업 허가권을 지방자치단체로 부터 승인받아 운영하며, 낚시하는 사람들에게 입어료를 받고 낚시터 관리 및 청소, 물고기 방류 등의 일을 한다.

※ 농촌용수종합정보시스템 사이트에 가시면 전국의 모든 저수지의 수위를 실시간으로 확인할 수 있으니 출조 시 참고하시기 바란다.

어느 곳이 딱히 좋다고 할 수 없을 정도로 낚시장소마다 저마다의 일장일단을 가지고 있으며 나름대로의 낚시 묘미가 있다. 결국 낚시인 본인이 추구하는 낚시와 닮은 곳을 찾아가는 것이다.

이곳저곳 다양하게 다니면서, 저마다 갖고 있는 정취와 경관을 느껴보시길….

낚시 유용한 팁

가방 잠그기

노지에서 낚시할 때는 가방을 꼭 잠그길 바란다.
가끔 낚시가방 안에 뱀이 들어가서 화들짝 놀랐다는 얘기를 듣고는 하는데, 자연 속에 나가시면 낚시가방이나 보조가방 등에서 필요한 짐을 꺼낸 후에는 꼭 지퍼를 잠가 놓길 바란다.

초릿대 담그기

낚싯대의 초릿대 끝을 20~30㎝ 정도 물에 담가 놓는다. 허공에 떠 있는 낚싯대의 끝부분이나 낚싯줄이 바람의 영향으로 흔들리거나 당겨져서 찌가 입수했던 자리를 이탈하는 경우가 발생하는데, 초릿대 끝을 담가 놓으면 수면의 물이 잡아주는 역할을 해서 이런 증상이 적다.
바람이 강할수록 조금 더 깊이 담가놓는 것이 좋다.
낚싯대 앞부분을 물에 너무 많이 담그는 것은 낚싯대 내부에 물이 들어오기도 하고, 챔질할 때 물의 저항도 심해지므로 추천하지 않는다.

바닥 걸림 시

낚싯바늘이 무언가의 바닥 장애물에 걸려서 안 나올 때는 무리하게 낚싯대를 위로 들어 올리지 말아야 한다. 십중팔구 낚싯대가 부러질 수 있으니, 한두 번 '툭툭' 쳐보고 안 나오는 경우는 낚싯대와 낚싯줄을 일직선으로 만든 후 은근하게 힘을 주어 뒤쪽으로 당긴다. 그러면 바늘이 부러지거나 목줄이 끊어지면서 나오게 되어, 낚싯대 부러짐을 막을 수 있다.

살충제 휴대

자외선차단제는 얘기하지 않아도 알아서 잘 가지고 다니는데, 모기나 해충을 퇴치할 수 있는 모기기피제나 살충제를 꼭 보조가방에 넣어 다니길 바란다.
출조 시 준비하지 말고 늘 가방에 넣어두는 것이 좋다.
어느 날 맘에 쏘옥 드는 낚시 포인트에 접근했는데, 모기나 날파리가 너무 극성이어서 낚시를 포기해야 하는 경우가 생기는 경우가 왕왕 생긴다.

낚시 자리를 선정한 후 주위에 먼저 살충제를 뿌리면 모기나 뱀 등의 유해동물들의 접근을 예방할 수 있다.

살충제는 무향, 과일향 대신에 오리지날 향을 추천한다.

초릿대 슬라이드 준비

초릿대(호사끼) 슬라이드를 준비해서 늘 가방에 넣어 다니는 것을 추천한다. 낚시점에서 몇 천원에 살 수 있는 제품이다.

낚싯대를 접어 넣을 때 가끔씩 초릿대(1번대)나 2번대, 3번대 쪽에서 꽉 끼어서 꼼짝도 하지 않는 경우가 생기는데, 이걸 억지로 넣으려다 부러뜨리는 경우를 많이 봤다. 나 역시 초보 시절에 여러 번 경험했다.

이런 일을 당하면 기분도 상하고 금전적 손해도 생기는데, 이때 초릿대 슬라이드 사용하면 감쪽같이 들어간다.

낚싯대 부러뜨리고 후회 말고 미리미리 준비해서 가방 깊숙이 넣어두는 것이 좋다. 보험처럼 말이다. 그럼 언젠가는 꼭 덕을 보게 된다.

부러뜨린 낚싯대 비용을 감안한다면 금전적인 이익도 주고요.

초릿대 엉킨 낚싯줄 풀기

낚시하다 보면 낚싯줄이 초릿대 쪽에 감겨서 잘 안 풀어질 때가 있다.

이럴 때 강제로 줄을 당기면 초릿대가 부러질 수 있다.

그렇다고 엉킨 줄을 풀기 위해 펼쳐진 낚싯대를 다시 접어 넣는다는 것은 다소 귀찮을 수 있다.

이럴 때는 한 손으로 낚싯줄(봉돌 부분)을 잡고 낚싯대의 초릿대 부분을 물속에 수직으로 깊이 담근 후 좌우로 낚싯대를 흔들면서 잡고 있는 줄을 살그머니 당겨본다.

그러면 대부분은 감쪽같이 풀려나온다.

총알 연결

총알은 물고기가 낚싯대를 끌고 가서 분실하는 것을 방지하기 위해서 손잡이대 끝부분의 고리에 연결하는 것이다.

텐트나 차량에서 휴식을 취하고 나와 보니, 낚싯대가 흔적도 없이 사라진 경험(그 허망함이란 이루 말할 수 없음)을 한 분들은 알 것이다.

낚싯대도 아깝지만, 물고기가 보통 크지 않으면 낚싯대를 끌고 갈 수 없기 때문이다. 두 배의 아쉬움을 느끼게 된다.

요새 뒷받침대에 브레이커(낚싯대 끌고 가는 것을 방지) 장착된 제품을 쓰는 분들은 거의 총알을 안 달고 한다. 브레이커는 수평으로 앞으로 당기는 경우에는 거의 확실하게 기능을 해주는데, 수심이 깊어 낚싯대 앞부분을 물속으로 처박거나, 좌우로 크게 움직여 낚싯대가 앞 받침대에서 미끄러져 물로 떨어지는 등의 수직적인 힘에는 어처구니 없을 정도로 약할 때가 있다.

그러니 브레이커 뒷받침대를 쓰는 분들도 습관적으로 총알을 달아주실 것을 권한다.

총알은 가격이 얼마 나가지 않기 때문이다.

뜰채질 요령

큰 물고기가 낚여서 뜰채를 사용할 때, 물고기가 뜰채의 망 크기보다 작은 경우에는 문제가 되지 않는데, 망보다 클 때는 주의가 필요하다.

이럴 때는 물고기의 직진하는 습성을 이용해 머리 부분이 먼저 들어가도록 유도한 뒤, 머리부터 뜰채에 담으면 성공적으로 건져낼 수 있다.

괜히 무리하게 하다가 몸통이나 꼬리 등에 뜰채가 닿게 되면 물고기가 놀라서 더 요동치게 되고, 결국 귀한 대물을 놓칠 수도 있으니 조심해야 한다.

대물 제압

 낚싯바늘에 걸린 물고기가 엄청 힘이 좋은 대물이라 느껴지면, 낚싯대를 수직으로 세우고 지면(땅바닥) 가까이로 낮춰서 물고기와 낚싯대가 만들어내는 각도를 최대한 완만하게 만들어 주어야 한다.
 이렇게 함으로써, 물고기의 강력한 힘에 낚싯대가 급격하게 휘어져서 한계를 넘어 부러지는 불상사를 예방할 수 있다
 낚싯대를 90°로 세우고 지면 가까이 내려, 대물들의 강력한 초반 저항을 어느 정도 버텨낸 후에 낚싯대를 서서히 들어 올리면서 제압해서 끌어내야 한다.

안테나 대용

 요새는 전화기가 어디 가도 잘 터지지만 혹시나 전화기 감도가 약한 곳에 가면 낚싯대를 전화기에 접촉하고 통화하면 잘 된다.
 카본소재로 된 낚싯대가 엄청나게 긴 안테나 역할을 해주는 셈이다.
 반대로 번개가 칠 때는 낚싯대를 절대 들어서는 안 된다.
 피뢰침 역할을 할 수도 있으니 말이다. 주의!

낚싯대 접는 요령

낚싯대를 접을 때 마디를 부러뜨리는 경우가 왕왕 있다.

어쩌면 큰 물고기를 걸어서 부러지는 것보다는 낚싯대를 접어 넣다가 부러뜨리는 경우가 훨씬 많다.

낚싯대를 접을 때 양손으로 각각 위·아래 절번을 잡은 후 보통은 위쪽 손을 바톤대 쪽으로 누르면서 접어 넣게 되는데, 이렇게 하는 것보다는 위쪽 손은 고정한 채로, 바톤대를 잡은 아래쪽 손을 위로 쳐올리면서 접는 방법이 훨씬 부드럽고 쉽게 들어간다.

바톤대 마개에 낚싯대 연결부위 끝이 살짝살짝 부딪치면서 손쉽게 들어가게 되는 것이다.

그리고 낚싯대 끝부분은(1,2번대) 마디가 얇기 때문에 손으로 잡고 넣기보다는 바톤대 쪽을 수직으로 세운 뒤 위에서 아래로 던지듯이 찔러 넣으면 쉽게 들어가게 된다.

낚시에서의 호재와 악재

낚시를 해보면 물고기가 잘 낚일 때도 있고 입질 한번 못 받는 경우도 있다.

기술이나 미끼 등을 떠나서 환경적인 요인도 좀 좌우되긴 하는데, 호재인 상황과 악재인 상황을 알아본다.

호재

- **오름수위**: 유입되는 수량이 증가하여 수위가 올라가는 경우
- **따뜻한 비**: 비가 내리는데 춥지 않고 따스함이 느껴질 때의 비로, 수면의 포말로 용존산소량은 증가시키고 수온은 떨어뜨리지 않는 비
- **새물유입구**: 저수지에 새물이 유입되는 곳으로 다른 곳보다 용존산소량이 높아 물고기들이 몰린다.
- **바람**: 바람이 너무 강하면 낚시 캐스팅이 힘들지만, 적당한 바람은 물의 흐름을 만들어 고기들의 움직임을 유발하게 한다.

- 물돌이(대류현상): 수심이 깊은 저수지들은 수면 온도와 바닥 온도의 차이로 인해 물이 도는(순환) 대류현상이 일어나는데, 이것 역시 물고기의 움직임을 만들어낸다.

※ 산란철과 장마철에 굉장한 호재를 만날 수 있는데, 이에 대한 설명은 '낚시특수'라는 장에서 따로 설명한다.

악재

- 내림수위: 배수나 가뭄 등으로 수위가 낮아지는 경우, 물고기들의 경계심이 높아져서 입질이 없다.
- 차가운 비: 비가 내리면서 추위가 느껴질 때로, 수온을 떨어뜨려 입질을 약화시킨다.
- 보름달: 희한하게 보름달 뜬 날은 조황이 안 좋다.
- 흙탕물: 비가 많이 오고 나면 흙탕물이 가득해지는데 이때는 물고기들이 먹이활동을 거의 안 한다.
- 녹조(적조): 민물에서는 녹조, 바다에서는 적조 현상으로 여름철에 주로 나타나며, 녹(적)조류의 번식으로 용존산소량이 감소하여 물고기들의 집단이주나 심하면 폐사를 유발한다.
- 지진: 한반도 어딘가에서 지진이 관측된 날엔 입질을 거의 못 받았다.

호재와 악재 상황을 근간으로 분석해 보면, 물고기들은 물(수위)이 많고, 수온도 적당하며, 용존산소량이 풍부한 환경을 좋아한다고 볼 수 있다.

2장
낚시의 참맛

오랫동안 낚시라는 취미를 하면서 낚시 속에서의 느낌과 그로인해 깨닫게 되는 소소한 철학을 전달하고자 한다.

철학이라는 거창한 말보다는 바른 생각이나 인생에 접목할 수 있는 소소한 지혜를 전달하고 싶었고, 이를 통해 더불어 함께하는 건전한 낚시가 되기를 바라는 마음을 담았다.

오랜 경험과 열정 가득한 낚시인의 한 사람으로서 주변 환경이나 주변 사람들과 조화를 이루는 행복한 낚시를 꿈꾸고자 한다.

3무(無)

낚시 시작부터 함께해서 지금까지 20여 년간 조우(釣友:낚시친구)로 지내온 친구가 두 명 있다.

처음 만났을 때는 모두 20대의 파릇파릇한 젊은이였었는데, 서로서로 세월의 흔적을 비켜가진 못하고 이제는 모두 50살이 넘어선 친구들이 되었다.

어찌보면 친구라기보다는 패밀리라는 표현이 더 가까울 것 같다. 와이프들과 아이들끼리도 서로 알고 지내니 말이다.

20대 후반에서 30대 중반까지(결혼 전 낚시의 매력에 푹 빠져있을 시기), 이 조우들과 낚시를 다니다 뒤늦게 알게 된 사실이 있었다.

누군가 이렇게 하자고 주장하거나 얘기한 적은 없지만, 우리는 낚시를 다니면서 3무(無)를 몸소 실천하고 있었다.

우리가 실천해 온 3무(無)는 바로….

첫째, 절대 술 먹지 않는다.
밤낚시 하게 되면 술도 한잔씩 할 법도 한데, 그때 당시 우리 셋은 술을 그다지 좋아하지 않았기 때문에 술 자체를 사들고 가지 않았다.

대신에 커피는 좋아해서 많이 사 들고 다니면서 즐겨 먹었다. 물처럼 캔커피를 마셨으니…. 특히, 레○○ 라는 커피를 참 많이 즐겼다.

여름이면 아이스박스에 물이나 술, 음료수 대신에 레○○ 캔커피만 가득 채워 들고 다녔으니 말이다.

둘째, 절대 잠을 자지 않는다.

토요일 출조해서 일요일 아침에 철수하는 1박 2일 밤낚시를 주로 했던 우리는, 밤새 잠을 안 자고 낚시했던 것이다.

누가 그러자고 한 것도 아닌데, 당연히 밤낚시는 밤새면서 낚시하는 것으로 알고 있었고, 정 피곤하면 새벽녘에 의자에 기대어 조금 눈붙이는 것이 다였다.

젊어서 가능했던 것도 있지만, 그만큼 열정이 대단했었다.

셋째, 절대 고기를 가져가지 않는다.

물고기를 잡으면 살림망(어망)에 넣어두었다가 밤낚시하고 철수하는 다음날 아침에는 무조건 방생해 주었다.

귀여운 꼬리짓으로 헤엄쳐 돌아가는 모습이 너무도 귀여워 보였고, 방생했다는 마음에 기분까지도 흐뭇했다.

방생하기 전에 훗날 추억의 한 페이지로 남을 기념사진 한 컷은 잊지 않았다.

얘기하다보니, 3금(禁)처럼 들리는데, 3무(無)의 원뜻은 "낚시갈 때 술이 없고, 낚시할 때 잠이 없고, 철수할 때 물고기가 없다"였다.

직장 동료들은 내가 밤낚시 좋아한다고 하니까 처음에 다들 이렇게 물어본다.
낚시 가면 텐트 치고, 매운탕 아니면 삼겹살에 소주 한잔하느냐고. 그리고 잡은 고기는 어떻게 하냐고.
그때마다 "우리는 3무를 합니다"라고 말하면, 더 이상 묻지 않았다.
그러면서 가끔 이런 질문도 한다.
놓아 줄거면 왜 잡느냐고.
처음엔 이 물음에 변변한 대답을 못한 채 웃고 말았다.
이젠 이렇게 되물을 수 있다.
그러면, 등산은 다시 내려 올거면 뭐하러 올라가느냐고.
거기에 덧붙여 낚시는 '낚아내는 재미, 방생하는 기쁨'이라고….

한 가지는 확실하게 말할 수 있다.
취미를 취미 본질, 그 자체로 즐기기 위해서는 술은 좀 멀리하는 편이 좋을 듯하다.

고통 치유

낚시 다니면서 저수지모기, 강모기, 수로모기, 댐모기, 산모기, 논모기, 들모기 등 온갖 모기에 다 물려봤다.

가려워서 별 짓을 다해본다.

결국, 이런 고통으로부터 벗어나는 치유법을 깨닫게 된다.

"모기에 물렸어도 안 물렸다"고 생각하는 것이다. 이러면, 신기하리만큼 가려운 느낌이 사라진다.

「여자가 왜 오래사는가?」라는 짧은 논문을 번역해본 적이 있었는데, 여자가 오래 사는 이유 중 기억나는 하나가 '잘 잊어버린다'라는 것이다.

그렇다고 기억력이 나쁘다는 것은 아니고, 나쁜 기억이나 감정을 잘 망각한다는 것이다.

이처럼 나쁜 기억이나 고통에 대해서는, 자꾸 기억하고 신경쓰는 것보다는 잊어버리는 것이 제일 상책인 것 같다.

'나는 모기에 물리지 않았다…' 꽤 중요하다.

사랑하는 연인과의 이별의 상처를 모기 물린 것과 비슷하다고 한다.

  생각하면 할수록 더욱더 마음이 아파오고 괴로움이 심해지며, 긁으면 긁을수록 가려움의 고통이 커져가며 상처 부위가 더욱 악화된다.

  게다가, 오랜 시간을 집착하고, 긁어대면 마음의 상처로, 모기에 물린 흉터로 깊이 남게 된다.

  마음 아프고, 가려운 그 순간만 조금 참고 이겨내면 언제 그랬냐는 듯이 말끔히 낫게 되는데 말이다.

  힘들고 아프고 가려울 때마다 마법같은 아래의 주문을 외워보자.

"나는 모기에 물리지 않았다…."

5감(感) 만족

 낚시는 인간이 느끼는 감각 중 5감(시각, 청각, 촉각, 후각, 미각)을 모두 만족시키는 레포츠다.
 어떻게 보면, 이 5가지 감각을 모두 만족시키는 취미가 없으며, 유일하게 낚시만이 가능한 것 같다.

 우선 물고기가 입질을 하면 찌가 반응을 하고, 그 찌가 천천히 올라가는 것을 바라보는 '찌맛'이라는 시각적 만족이 있다.
 찌가 올라올 때의 그 기대감은 말로 형언할 수가 없는 것이다.

 그리고, 물고기를 걸어서 끌어낼 때 '철푸덕~ 철푸덕~' 하는 소리에 귀가 즐거운 청각적 만족이 있다.
 사이즈가 큰 물고기들의 철푸덕거리는 소리는 멀리서 낚아올려도 들릴 정도로 꽤나 소리 만족도가 크다.

 물고기과 실랑이를 벌일 때 물고기의 앙탈이나 당길 힘으로 인해 낚싯대에서 전해져오는 '손맛'이라고 하는 촉각적 만족이 있다.
 큰 고기일수록 손맛이 엄청나며, 팔이 후덜덜 할 정도의 엄청난 손맛도 찾아온다.

 낚은 물고기를 바늘에서 빼거나 어망에 넣거나 할 때 물고기 잡고 있던 손에서 풍기는 비린내는 후각적 만족을 준다.
 물론 비린내를 싫어할 수도 있지만 이 역시 대상어를 랜딩에 성공했을때만 느낄 수 있는 만족감 중 하나다.

 마지막으로 잡은 물고기를 손질하여 회, 구이, 매운탕 등의 음식으로 만들어 먹을 때의 미각적 만족이 있다.
 낚시는 원시시대부터 수렵을 위한 행위였기에, 미각적 만족이야말로 오감의 끝판왕이 아닌가 싶다.

 이처럼 낚시란 것은 우리의 5감을 모두 만족시키는 유일한 취미이며, 그래서 다른 취미보다 훨씬 쾌감이나 중독성이 있는 것 같다.

 5감을 만족하는 행위였기에 기억속에서도 잘 지워지지 않는다.
 머리로 기억한 것이 아닌 감각으로 기억한 것들은 머릿속 뇌의 편도체라는 곳에 기억되어 굉장히 오래 남는다고 한다. 그래서인지 연세가 지긋하신 노조사님들도 과거에 물고기 낚았었던 애기를 어제 일처럼 생생하게 해주시곤 한다.

낚시와 도박

앞부분에서 낚시는 중독성이 있다고 얘기했다.

손맛과 찌맛, 월척에 대한 갈망 등이 이런 중독성을 더욱 키우는 것이다.

도박도 중독성이 심한데, 그렇다면 과연 중독성 있는 낚시와 도박의 공통점이 무엇일까 생각해보았다.

낚시와 도박의 공통점.
- 밤을 새면서 한다
- 언제 터질지 모를 한방(대물, 대박)을 노린다
- 처음할 때 많은 재미를 본다
- 중독성이 있다

그렇다면 차이점,
- 낚시는 자식에게 권하지만 도박은 절대 권하지 않는다
- 낚시는 약간의 경제적 손실이나 도박은 패가망신 한다
- 낚시는 허탕을 쳐도 기분이 좋을 수 있으나 도박은 돈 잃고 좋은 적 없다

낚시가 중독성이 있는 것은 물고기에 대한 집착도 있지만, 자연이 선사하는 편안한 휴식감과 심리적 안정감도 무시할 순 없다.

한가로이 낚시터에 앉아서 찌를 응시하고 있노라면 정말 천국이 따로 없다.

단지, 너무 집착하다 보면 가족과 친구, 나아가 직장일도 소홀히 할 수 있다.

취미는 취미로 그쳐야지, 그것이 본업까지 파고들어와 일상을 해치게 된다면 이미 취미가 아닌 것이다.

건전한 취미가 아닌 악성 도박이나 다름없게 되는 것이다.

낚시와 도박의 공통점을 이야기한 것도, 혹시나 빠져들기 쉬움을 경계하기 위함이요, 적당히 즐긴다면 너무 좋은 취미임에는 틀림없다.

중용(中庸)의 미학

낚시는 인생에 있어서 소금과 같다고 할 수 있다.

너무 많아서도 안 되고, 너무 적어서도 안 되고…. 적당량이 필요하다.

자칫 너무 집착하다 보면 시간과 돈을 낭비하며 허송세월을 보낼 수도 있고, 너무 없으면 인생의 색다른 즐거움을 못 느끼게 될 수도 있다.

동양철학에서 말하는 '중용'의 도가 필요한 것이 바로 낚시가 아닌가 싶다.

공치면 한 마리라도 잡고 싶어서 더 하게 되고,
여러 마리를 잡아도 큰 녀석을 잡고 싶어 더 하게 되고,
큰 녀석을 잡아도 마릿수를 늘리고 싶어 더 하게 되고.
마릿수와 큰 녀석을 모두 얻게 되어도, 또 그 맛을 못 잊어 더 하게 되고….

결국, 절대 만족하는 법이 없으며 집착할수록 시간과 몸만 축날 뿐이다.

낚시도 적당히 즐기면 참으로 유익하고, 삶의 또 다른 재미를 선사하는 기분 좋은 활력소가 되는 건 사실인데 말이다. 이건 유독 낚시에만 해당되는 것이 아닌, 모든 취미에 해당되는 숙제이다.
암튼, '적당하다'라는 것이 참 어려운 문제이긴 하다.

이것에 대한 해답은…
혹시나 "시간이 지나고 나서 후회하느냐, 아니냐"이지 않을까 싶다.

최고의 낚싯대

낚시를 어느 정도 하다 보면 지금까지 사용해온 장비에 익숙해지면서 슬슬 좋은 낚싯대에 눈이 가게 되는데, 모든 조사가 찾는 낚싯대는 다음과 같다.

가볍고, 캐스팅 잘되고, 손맛 좋고, (물고기) 제어 잘되며, 튼튼하고 값싼 낚싯대.

분명히 말해두는데, 이런 낚싯대는 없다.
가히 최고의 낚싯대라고 불릴 만한 구성이지만, 안타깝게도 이런 낚싯대는 현실에서는 존재하지 않는다. 이상과 현실의 괴리처럼 말이다.

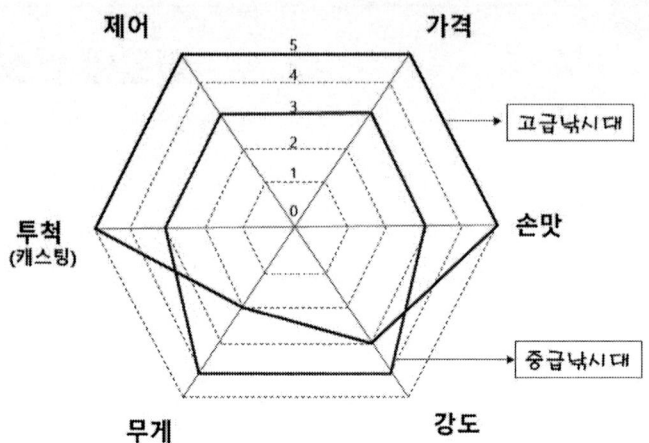

위의 레이더 차트에서 보이는 것처럼, 무게가 가볍고, 투척(캐스팅) 잘되고, 손맛 좋고, 물고기 제어 잘 되는 낚싯대는 일단 비싸다.

그리고 설령 비싼 값을 주고 고급 낚싯대를 구입했다 하더라도, 아마도 어느 정도는 강도(튼튼함) 부분에서는 양보해야 할 것이다.

고급 낚싯대는 고탄성의 고급 카본을 사용해 만들어서 가볍고, 손맛이 좋고, 제어력와 캐스팅 면에서도 뛰어나지만 다소 부러지기 쉬운 경향이 있다.

반면에, 중급 낚싯대는 중탄성의 카본을 사용하여 가격이 낮고, 강도(튼튼함)가 뛰어나지만 무게가 좀 무겁다는 단점이 있다. 그리고 손맛이나 제어력, 캐스팅 수준은 무난한 정도라고 볼 수 있다.

이처럼 모든 것을 한 번에 만족시키는 낚싯대는 없다.

결국, 적정선에서 타협해야 하는 것이 최선이다.

본인이 추구하는 낚시 스타일과 대상 어종, 재정 상황 등을 고려해서 말이다.

여담이지만, 세상을 살다보면 타협이 필요한 순간이 의외로 자주 찾아온다.

자기 스스로와의 타협뿐 아니라 외부와의 타협이 있게 되는데, 특히나 사람들과의 관계에서 발생하는 타협에서 필요한 3가지 중요한 기술이 있다.

필자가 쓰리션(Three-Tion) 이라고 부르는 것이다.
- 커뮤니케이션(Communication: 소통)
- 프리젠테이션(Presentation: 발표)
- 네고시에이션(Negotiation: 협상)

상대방과의 관계형성이나 타협을 잘하려면 이해와 공감대를 형성해야 하는데, 이럴 때 필요한 기술이 커뮤니케이션.

책임이나 금전, 권리 등의 이해관계가 있는 거래나 논쟁 등에서 원만한 해결책이나 타협점을 끌어내는 데 필요한 기술이 네고시에이션.

그리고 때론 1:1 이 아닌 1:다(多)를 대상으로 하는 경우가 생길 때도 있는데, 이럴 때 필요한 기술은 프리젠테이션.

일상이나 직장, 사회 생활에서도 꼭 필요한 기술이니, 미리미리 함양해 놓는다면 보다 나은 내일을 맞이할 수 있지 않을까?

낚시계의 정설이 된 말들

월척을 잡으면 한 사람이 즐겁고, 월척을 놓치면 주위의 모든 사람이 즐겁다

사람들의 보편적 정서다. 사돈이 땅 사면 배 아프다는 말과 비슷

놓친 고기는 모두 월척이다

얻은 것이 훨씬 많더라도 늘 잃어버린 것에 대한 후회가 많은 것들을 집어 삼켜서 행복을 방해한다.

눈에 보이는 고기는 낚이지 않는다

눈에 보이는 고기는 아무리 미끼를 갖다 들이대도 물지 않는다. 실제 입질하는 물고기는 늘 조용히 다가온다. 인생의 기회도 이런 것이 아닐까?

미친X과 바람은 밤에 잔다

봄에 특히 바람이 심한데, 그렇게 심하던 바람도 밤만 되면 희한하게 잠잠해진다.

월척을 잡으려면 무엇보다도 월척이 그곳에 살아야한다

당연한 얘기 같지만, 항상 기본적인 것을 망각하고 사는 경우가 있다.

피라미 있는 곳에 붕어 있다

피라미(잡어)는 붕어의 전령이라고 부르는 것처럼, 피라미 입질 성화가 심하더라도 희망을 갖고 긴장을 늦추지 말자. 피라미 입질이 사라지는 순간 붕어 입질이 찾아온다.

조력이 늘어날수록 고기 낚는 기술만큼 입담도 늘어간다

경험이 많고 아는 것이 많으면 말도 많아지는 법이다.

운칠기삼(運七技三)

낚시에서 자주 쓰는 말로 운이 70%, 기술이 30%라는 의미다.

물고기를 많이 낚았거나, 남들보다 큰 고기를 낚았을 때 자만하지 않고 스스로를 낮추어 겸손하게 '운이 좋았다!'라고 말하곤 한다.

물론 자신만의 오랜 경험과 노하우에서 나오는 전략과 술을 통해 이뤄낸 성과일 수도 있지만, 타인을 배려하는 차원에서 '운이 좋았다'라고 하는 것이다. 듣는 사람 역시 그렇게 받아들이며 시샘하거나 질투하지 않는다.

이것이 바로 낚시계의 '운칠기삼'인 것이다.

승자도 패자도 없는 서로서로 윈윈(WinWin) 하는 말이 아닌가 싶다.

그런데, 실제로 어복이 있는 사람이 있긴 하다.

밤새 낚시하면서 입질을 한 번도 못 봤는데, 누군가는 피곤하다며 밤 12시쯤 취침하고 새벽도 아닌 아침에 일어나서 떡밥을 한 번 던졌을 뿐인데, 입질이 와서 낚아보니 35cm 월척. 이런 일이 처음이 아니고 종종 있었다면, 역시나 타고난 어복이란 것은 존재하는 것이 아닐까?

　이외에, 자연이 선택한 사람도 있는 듯하다.

　예전에 엄홍길 산악인이 TV에 나와서 했던 말이 생각난다.

　에베레스트 정상을 정복하는 것은 인간의 노력이나 기술도 중요하지만, 우선적으로 산의 선택을 받아야 한다는 것이다. 변덕이 심하고 예측할 수 없는 기상 상황으로 정상을 코앞에 두고 철수해야만 하는 상황이 생기기도 한다고.

　이런 말처럼 낚시에서도 어느 장소(강,저수지)에만 가면 확실히 엄청난 조과를 발휘하는 사람이 분명히 있었다.

　이런저런 차이점은 있지만, 교만하지 않고 겸손하면서 상대방을 배려하는 말인 '운칠기삼'은 따뜻한 인간미 넘치는 표현 중 하나가 아닌가 싶다.

낚다 vs 잡다

낚시는 물고기를 낚는다고 해서 낚시다.
그럼 물고기는 잡는다는 것과 낚는다는 것의 차이는 무엇일까?
오랜 낚시경험을 통해 내린 결론이자 나의 견해는 이렇다.

'낚는다'라는 것은 물고기의 어신(입질)과 이어지는 정확한 챔질에 의해 바늘이 정확히 대상어의 주둥이 언저리에 걸리도록 하여 잡아내는 것이다.

"비즈니스는 타이밍"이라는 말이 있듯이, 낚시에서도 이렇듯 정확히 낚아내기 위해서는 타이밍이 무척이나 중요하게 작용한다.

이뿐만 아니라, 낚시인 자신만의 전략(포인트선정, 낚싯대운용, 채비구성, 미끼선택)을 바탕으로 기술(어신파악 및 챔질·랜딩스킬)을 구사하여 대상어를 잡아내기 때문에 '낚는다'라는 표현이 어울릴 것이다.

하지만 주낙처럼 한 가닥의 긴 줄에 일정 간격으로 가짓줄을 달고 끝단에 바늘과 미끼를 주렁주렁 매달아 놔서 물고기가 미끼를 탐하다가 저절로 바늘에 걸리도록 하여 건져내는 것을 '잡는다'고 표현하고 싶다.

그물이나 통발 등을 이용하여 대량으로 잡아내는 것도 마찬가지다.

낚는 것과 잡는 것의 차이를 '낚시인과 어부의 차이' 혹은 '취미와 생계의 차이'로 생각할 수도 있다. 하지만 엄밀히 말하면 이 둘은 조금 다르다.

취미생활로 낚시를 와서 낚싯대를 펼쳐놓고 식사나 취침 등으로 자리를 떠나 있다가 돌아와 보면 낚싯바늘에 자동으로 물고기가 걸려 있는 경우가 있는데, 이것은 엄밀히 말하면 낚은 것이 아니고 잡은 것에 해당한다.

반면에, 어부가 생계를 위하여 어업행위를 하더라도 위에서 얘기한 전략과 기술을 구사하여 물고기를 낚아냈다면, 이건 분명히 낚은 것에 해당한다.

찌 멍때리기

낚시와 무척이나 잘 어울리는 사자성어(고사성어)들이 있다.

무아지경(無我之境)

'정신이 한곳에 온통 쏠려서 자신의 존재조차도 잊어버리는 상태'라는 의미인데, 낚시하면서 찌를 응시하다보면 딱~ 이런 느낌을 받는다.

대상어의 입질을 파악하기 위해 찌의 움직임에 집중하고 있다보면, 아무런 생각도 들지 않는 무념무상(無念無想) 상태와 같아진다.

캠핑다니는 사람들이 밤에 멍하니 장작불을 바라보는 것을 '불멍때린다'라고 하던데, 낚시에서도 이와 비슷한 '찌멍때리기'가 있는 것이다.

항상 크고작은 생각들이 맴돌고 있던 머리속을 그저 텅~ 비우는 것이다.

이런 것이 정신건강에 좋다고들 하며, 주위 시선을 벗어나 멍때리고 있기에는 낚시만한 것이 없다.

호연지기(浩然之氣)

'넓은 자연속에서 느끼는 의연하고 넓은 기운'이라고 해석되는데, 여기서 호(浩)라는 글자가 '물이 넓게 흐르는 모양'이란 의미가 있으므로, 넓은 저수지나 강에서 느껴지는 시원스러운 해방감과 주위의 산세와 어우러진 풍광을 바라볼 때 느껴지는 편안함이 진정한 호연지기가 아닐까 싶다.

특히나 새벽에 물안개라도 뭉게뭉게 피어오른다면, 정말이지 신선이 된 듯한 황홀경에 빠져든다.

명경지수(明鏡止水)

'맑은 거울처럼 고요한 물'이라는 의미인데, 바람 없이 잔잔한 수면을 바라볼 때 떠오르는 말이다.

고요하고 거울 같은 수면에는 산과 하늘이 그대로 투영되어, 마치 데칼코마니처럼 수면을 경계선 삼아 자연을 포개놓은 듯한 그림이 그려진다.

이런 경치를 바라보고 있노라면 물속에 비친 하늘속으로 낚싯대를 던져놓은 듯한 착각에 빠지게 된다.

밤이면 달과 구름도 수면에 떠 있다.

마치 낚싯대로 하늘을 낚는 듯, 달을 낚는 듯….

지자요수 인자요산(知者樂水 仁者樂山)

'지혜로운 사람은 물을 좋아하고 어진 사람은 산을 좋아한다'라는 의미로, 자연을 벗하면서 교감하고 배우게 되는 지혜로움과 현명함을 나타내는 말이다.

낚시와 밀접한 단어인 '지자요수'에 대한 나만의 해석을 내려보면 이러하다.

낚시는 눈으로 보이지 않는 물의 깊이를 헤아려야 하고, 은근하며 강력하게 움직이는 물의 힘(본질)을 가늠해야 한다.

따라서, 낚시를 접하면 물의 깊이와 본질을 파악하는 감각과 지식이 생겨나고 점차 진화하면서 결국엔 물처럼 넓고 깊은 지혜를 가지게 된다.

'인자요산'에 대한 해석은 산악·등산인들에게 맡기겠다.

역사는 밤에 이루어진다

"역사는 밤에 이루어진다"는 말이 있듯이 낚시 또한 밤에 제대로 완성된다.

진정한 낚시의 묘미는 밤낚시가 아닌가 싶다.

낮에 낚시하면 더운 것은 둘째 치더라도 일단, 얼굴이나 피부가 검게 그을린다.

물가에 앉아 있다보면 하늘에서 내리쬐는 직사광선뿐만 아니라 물에서 반사되는 자외선도 무시 못 한다.

파라솔이나 모자로 피한다고 해도 물에서 반사되는 빛을 막기에는 한계가 있다.

결국 낮에 낚시를 자주 하면 새까맣게 탄다.

아름다운 경관을 자아내는 꽃피는 봄이나 낙엽지는 가을의 낮은 기온 면에서 훨씬 선선하고 낚시하기 좋지만, 문제는 엄청난 바람이다. 야외에 나가보면 봄, 가을엔 확실히 낮에 바람이 많이 분다는 것을 느낄 수 있다.

바람이 심한 경우는 저수지에서도 너울 파도를 연상케 할 정도로 들이치는 물결이 높아져서 낚시하기가 힘들어진다.

그런데 밤이 되면 희한하게 바람도 잦아들고 분위기가 좋아진다.

커다란 거울처럼 잔잔한 수면에 주위는 고요하고, 인간이 만들어내는 문명의 소리 대신에 자연의 소리만이 간간히 적막을 깬다.

게다가 이렇게 고요해진 자연 속에 있다 보면 내면의 나와도 만나게 된다.

달빛이 내리비치는 물가에서 낚싯대 드리우고 캐미 빛을 응시하고 있노라면 세상 근심은 사라진 지 오래다. 여기에 물안개라도 몽실몽실 피어나는 경우에는 신선이 따로 없다. 진정한 낚시의 묘미는 밤낚시가 아닌가 싶다.

그래서 '낚시는 밤에 이루어진다'고 말하고 싶다.

낚시 쾌감

엔돌핀으로 행복한 힐링감, 아드레날린 분비로 가슴 뛰는 짜릿함….

"낚시 갈래요?"라는 말에 엔돌핀이 분비되고 낚시가기 전부터 기대감과 설레임으로 기분이 좋아진다.
하나의 단어가 만들어내는 마법과도 같은 힘.
게다가 낚시 가서 물고기를 낚았을 때 느끼는 짜릿함과 힐링감은 돈 주고도 살 수 없는 가슴 벅찬 감동이다.

가끔 엄청나게 큰 물고기를 바늘에 걸어 오랜 시간의 파이팅 끝에 건져올리고 나면, 심장이 벌렁벌렁하는 주체할 수 없는 흥분감을 맛보게 된다.
처음엔 이와 같은 현상이 뭔지 몰랐는데, 나중에 알고 보니 아드레날린이라는 호르몬이 분비되어 나타나는 현상이라고 한다.
심장이 쿵쾅거리고 팔다리가 후둘거리며, 온 몸을 가득매우는 희열감….
아드레날린은 모든 피로나 고통도 날려버리는 강력한 호르몬이라고 하는데, 흡사 몸에서 만들어지는 마법약 같은 것이다.

마라톤하는 분들이 가끔 경험한다는 '러너스하이(Runner's High)'라는 현상이 있다고 하는데, 극한의 피로로 몸이 한계점에 다다를 때 많은 엔돌핀이 분비되어 고통도 사라지며 하늘 위를 달리는 듯한 느낌을 받는다고 한다.

두 가지의 경우가 서로 비슷한 느낌이 아닐까?

대어를 낚아 아드레날린에 의한 쾌감을 느끼게 되면, 밤낚시를 꼬박 하고 다음 날 오전에 철수할 때도 피곤함을 거의 못 느낀다.

반대로 밤새도록 한 번의 입질도 없이 공치는 날에는 철수하는 길이 너무도 멀게 느껴지며, 피곤함도 훨씬 더하다.

그래도 낚시쾌감을 꿈꾸며 다음 낚시를 기약한다…:

초필살기

민물낚시를 하다 보면, 간혹 입질도 없고 대상어들의 움직임이 거의 없다고 느껴지는 경우가 있다. 이럴 때는 일단 물고기에 대한 욕심을 버리고 맘을 비워야 한다. 하지만 상황이 이렇다 해도 낚시인으로 해볼 수 있는 강력한 뭔가를 구사하고 싶을 때는 다음 두 가지 필살기를 권하고 싶다.

장대불패

'길이가 긴 낚싯대(장대)는 실패(敗)가 없다'고 필자가 만들어낸 말이다.

20년 전에는 길이가 4칸(7.2m) 이상만 되어도 장대라 불렀는데, 요즘에는 낚싯대가 경량화되어 5칸(9m) 이상은 되어야 한다.

긴 낚싯대를 이용하여 멀리 캐스팅 함으로써 남들이 공략해보지 못한 미지의 세계의 문을 두드려 보는 것이다.

저수지의 물고기들은 하절기에는 연안을 따라 수평으로 회유하고, 동절기에는 저수지 중앙에서 연안으로 수직으로 회유를 한다고 하는데, 어떤 때에는 움직임이 적고 연안에서 멀리 떨어진 곳에만 머무른다. 이럴 때 장대가 유효하다.

간혹 입질이 전혀 없는 상황이 계속될 때 함께 출조했던 동료가 장대 낚싯대를 꺼내서 운용하곤 했는데, 장대에서는 꼭 입질을 받고는 했다.

희한하다! 그때부터 장대불패 신화가 시작되었다.

그런데 장대 낚싯대를 운영하는 것은 어느 정도의 노하우와 완력과 돈이 필요로 하는 등 쉬운 일은 아니다.

길고 무거워서 원활히 사용하는 것도 쉽지 않고 낚싯대가 길어질수록 구입 가격도 비싸다. 낚싯줄도 훨씬 많이 소모되는 등 비용 면에서도 만만치 않다.

결국 비싼 투자와 고생과 노고에 대한 용왕님의 선물이 아닐까?

융단폭격

낚싯바늘이 위치하게 되는 곳 주위에 폭탄으로 집중폭격 하듯이 떡밥으로 뒤덮는 것을 말한다.

과다한 떡밥 사용이 환경오염을 유발한다고 우려하기도 하는데, 낚시인이 사용하는 떡밥은 사용하는 데 한계도 있고, 과하게 사용한다 해도 물고기들이 깔끔히 먹어치워 청소해주니 크게 걱정할 일은 아닌가 싶다.

떡밥은 바로 물고기들의 식량이니 말이다.

날씨나 수온 등의 이상현상으로 물고기들이 수중에서 유영만하고 바닥쪽의 먹이에 대한 호기심을 보이지 않을 때나 피래미 같은 잡어들의 성화에 미끼가 남아나지 않을 때에도 떡밥 융단폭격으로 입질을 만들어내야 한다는 지론이다.

낚시계에서는 떡밥은 무조건 바늘에 달아서 던져야 한다는 것이 불문율처럼 작용한다. 그러므로 떡밥을 탁구공이나 야구공 크기로 만들어 손으로 던져 넣는 것은 금기(Taboo) 행위이자 반칙이다.

그러다 보니 바늘을 감쌀 정도의 조그마한 떡밥으로 표적위치에 정확히 융탄폭격의 효과를 만들어내려면 많은 집중력과 노동력이 요구된다.

그만큼 캐스팅을 많이 해야 하며, 낚싯대마다 부지런히 떡밥을 새롭게 달아서 동일한 위치에 지속적으로 집중투하하는 노력이 필요한 것이다.

자리에서 일어났다가 앉았다를 수십 번. 캐스팅 역시 수십 번. 이것도 역시나 노력의 산실인 셈이다.

사실 '초필살기'라는 것은 없다. 모두 다 노력의 대가인 것이다. 남들보다 투자하고 힘든 노력을 많이 하는 것이 답인 셈이다.

잡은 고기에는 미끼를 주지 않는다

당연한 말이다.

잡아서 어망에 담가놓은 물고기엔 절대 먹이를 주지 않는다.

필자도 20여 년간 낚시를 해왔는데 잡아놓은 물고기에 먹이를 준 적이 그동안 한 번도 없었다.

어떻게든 낚아보겠다고 대상어가 좋아할 만한 떡밥을 선별한 후 여러 가지를 배합하여 정성스레 미끼를 만들고는 바늘에 예쁘게 감싸서 먹기 편안한 포인트에 던져주곤 했었는데….

그토록 잡기 위해 온갖 노력과 정성을 쏟았는데, 손아귀에 들어오고 나면 끝이다.

어망에 담긴 후에는 더 이상의 미끼도 관심도 쏟지 않는다.

해냈다는 순간의 기쁨에 그동안의 노고가 순식간에 잊혀지는 것인가?

어찌보면 참 아이러니하며, "화장실 갈 때 마음과 나올 때 마음은 다르다"고 하던데, 사람 마음이란 참 오묘하고 변화무쌍하다.

살면서 어망에 담겨진 물고기 신세가 되지 않으려면, 항상 지금의 공간보다 훨씬 넓은 사고와 원대한 포부, 자유로운 이상을 갖도록 해야 한다.

그래야 지속적인 미끼(떡밥)를 먹을 수 있다.

0.1초의 승부

챔질은 빠르고 절도 있게 해야 한다.

0.1초의 재빠른 챔질 타이밍으로 인해 고기를 낚느냐, 못 낚느냐가 결정된다.

낚시는 대상어를 낚아내는 행위이기에, 찌가 나타내는 입질의 패턴을 파악해서 물고기의 입속에 바늘이 들어갔다고 생각되는 순간에 챔질을 해야 한다.

이 순간을 놓치면 물고기는 입속의 이물감을 느껴 곧바로 바늘을 뱉어버린다.

결국 0.1초의 짧은 순간에 승부가 결정되는 것이다.

가끔은 챔질을 할까? 말까? 망설일 때도 있는데, 고민하다 보면 반응을 보였던 찌가 다시 원위치로 돌아간다. 물고기가 바늘을 뱉고 떠난 것이다.

그러면 후회한다. '챔질을 할걸.'

챔질을 안 하고 후회하느냐, 챔질을 해보고 후회하느냐 하는 딜레마가 있는데, 지금에 와서는 챔질을 해보고 후회하는 것이 낫다는 결론이다.

기회가 왔다고 생각되면 실행에 옮겨보자. 세상의 이치도 비슷한 것 같다.

'비지니스는 타이밍'이란 말처럼 낚시에서의 챔질도 타이밍이다. 챔질 타이밍을 정확히 잡아내는 것이 처음에는 쉬운 일은 아니지만, 경험을 통한 학습효과에 감각적인 안목이 더해진다면 충분히 가능하다.

낚시에서는 찌를 통해 물의 깊이와 물속 지형을 파악하기도 하는데, 궁극적인 최종목적은 보이지 않는 물고기의 움직임을 읽는 것이다.

이처럼 찌는 낚시인과 물고기 사이에서 소통채널 역할을 한다.

챔질해도 입걸림이 안 되는 거짓 입질과 확실한 입걸림을 만들어내는 진짜 입질을 구분하는 안목을 키우고, 결단력과 순발력을 키운다면 0.1초의 승부에서 웃음을 지을 수 있게 될 것이다.

낚시하기 힘든 곳일수록 대어가 산다

낚시하기 어려운 지형일수록 대어를 낚을 확률이 많다

대물들은 경계심도 많고 노련해서 쉽게 낚이지 않는데, 수초(부들, 마름)나 돌틈 등의 은폐할 수 있는 곳에서는 만날 확률이 높다.

하지만 이런 지형에서는 사실상 낚시하기가 까다롭고 힘들다. 낚싯줄이나 바늘이 수초에 감기거나 돌틈에 끼어서 끊어지는 경우가 많다.

따라서 수초나 돌틈을 공략한다면 어느 정도의 채비 손실을 감안해야 한다.

평지형 저수지에는 대부분 수초들이 많은데, 수초가 빼곡한 저수지들은 물고기 개체수가 많은 편이다. 물고기들에게는 안락한 쉼터를 제공하기도 하고, 물속의 산소량이나 먹잇감이 풍부하기 때문이다.

따라서 수초가 많은 곳을 공략하게 되는데, 이런 곳은 물고기뿐만 아니라 장애물도 많다는 의미가 되므로 바늘이나 낚싯줄이 걸리지 않도록 주의가 필요하다.

강이나 계곡형 저수지에는 바닥 지형에 돌이 많은 곳들이 있다.
 보이지 않는 물속에 위치하고 있어 크기나 분포를 정확히 가늠하기 어려워서 바늘이나 봉돌이 걸리거나 틈에 끼어서 채비 손실이 일어날 수 있다.
 하지만 돌의 위치나 형태를 잘 파악하고 공략한다면 대어를 만날 수도 있다.

 앞서 말한 수초지대나 돌틈지역 등은 반복 숙달에 의한 캐스팅 기술로 채비 걸림은 극복할 수는 있지만, 낚시자리 위쪽에 높은 나뭇가지가 드리워져 있다면 그 자리는 피해야 한다.
 낚싯대를 세워서 들었을 때 나뭇가지에 걸려 원줄은 물론 초릿대도 부러지는 경우가 발생하니, 필히 이런 자리는 피하는 것이 상책이다.

 '위기는 곧 기회'라는 말이 있는데, 낚시에서도 역시 이 의미가 통용된다.
 낚시하기 쉽고 편한 곳보다는 다소 힘들고 까다로운 지형일수록 대물을 만나게 될 확률이 높다는 것이다.
 어렵고 힘들수록 피하려 하지 말고, 극복하려는 노력을 기울인다면 분명히 좋은 결실을 이룰 수 있다.

 참고로, 민물에서의 대표적인 수초인 부들과 마름에 대해 알아보자.

부들

갈대와 비슷하게 생겼고, 열매가 핫도그 모양.

군데군데 군락을 형성하며 자라기 때문에 사실상 낚시에 방해되지는 않음.

수면 위로 나와 있는 줄기 부분은 무척 강해서 낚싯줄이 걸리면 애먹음. 물을 맑게 해준다고 해서 정수(淨水) 수초라 부른다.

마름

저수지 수면 위에 빼곡히 덮는 형태로 분포(물속의 뿌리와 줄기가 올라와서 수면 위에서 작은 잎들을 넓게 펼치는 형태).

물속의 뿌리와 줄기는 많지 않아, 수면 위의 잎들을 걷어내면 낚시할 만하고 낚싯줄이 걸렸어도 잎사귀가 쉽게 뜯겨져 나옴. 열매가 양쪽으로 뿔난 도깨비 모양(수면 위로 떠밀려온 열매를 처음 봤을 때 굉장히 특이한 형태에 화들짝 놀란 적이 있다)

강한 바람에 수면 위의 잎사귀 군락이 좌우로 이동하니 이런 점은 유념할 것.

기다림의 미학

낚시는 기다림의 미학이다.

기다림이라는 것은 단순히 막연한 기다림을 의미하지는 않는다. 필시 대상이 있는 것이다. 반가움과 기쁨과 행복을 가져다주는 대상 말이다.

낚시도 마찬가지로 만나고자 하는 대상어를 기다리는 것이다.
간혹 원하는 대상어가 아니어서 다소 실망스러워 할 때도 있지만….

낚싯대를 편성하고 먹음직스러운 미끼를 달아놓고 기다리는 것이다.
반드시 찾아온다는 보장은 없지만 기대감으로 즐거운 상상을 한다. 1시간… 2시간… 대상어의 입질 없이 적막한 시간이 흐르면 슬슬 의심이 든다.
뭔가 잘못되었나? 미끼에 대한 의심과 포인트(낚시자리)에 대한 의심 등등….

미끼를 바꿔보기도 하고, 낚싯대 편성을 바꿔보기도 하는 등 변화를 줘본다.

심지어 낚시자리를 옮기는 사람도 있는데 여간 번거로운 일이 아니며, 그런 사람치고 잘 되는 경우는 거의 못 봤다.

기다림의 내면에는 믿음이 있는 것이다.

반드시 찾아와서 만나게 된다는 믿음으로 기다리는 것이다.

'환경적(수온,수량,탁도,산소량) 요인이나 높아진 경계심 등 물고기들의 먹이활동을 방해하여 입질 활성도를 떨어뜨리는 그 어떤 이유가 있겠지…'라고 이해하고 인정하며 믿는 것이다.

낚시는 이처럼 이해와 믿음을 가지고 기다려주는 것이며, 이런 지속적인 경험과 훈련을 통해 성급함, 조바심에서 한 발짝 물러날 수 있는 의연하고 여유로운 마음을 가질 수 있게 된다.

꽝이 잦아야 실력이 는다

굉장히 멋들어 보이는 포인트(자리)에 낚싯대를 길이별로 여러 대를 펼쳐놓고 이것저것 다양한 미끼를 바늘에 달아 던져놓고 기다린다.

낚시를 시작할 때의 예감은 왠지 좋았으나, 아침 철수 시까지 입질 한 번 못 보고 완벽한 꽝~을 치는 경우가 생긴다.

예상을 빗나간 결과에 허탈함을 느낀다. 모를 일이다. 입질은 물고기가 하는 것이기에 물고기 마음까진 어떻게 헤아리겠는가?

그래도 한번쯤은 '왜 그럴까?' 하며 의문을 던져보며, 나름대로의 이유를 찾아보거나 원인 분석을 해본다.

물론 정확한 답을 찾을 수는 없지만 "성공보다는 성장이 중요하다"라는 말처럼 그러면서 조금씩 진화해가는 것이다.

낚시하다 보면 이렇게 허탕을 치는 경우가 비일비재하며, 그럴 때마다 조금씩 낚시 기술이나 제반 지식들이 발전함을 느낀다.

이런 실패의 경험과 이를 통해 축적된 데이터를 통해 진일보하는 것이다.

매번 물고기를 많이 잡는다면 낚시의 재미가 훨씬 덜했을지도 모른다.

인생도 마찬가지로 늘 바라는 대로 다 이루어진다면 뭔 재미가 있겠는가?

실패와 좌절도 맞보고, 이를 딛고 일어서서 결국엔 성공에 다다를 때가 진정한 감동과 카타르시스를 선사하는 인생드라마 아니겠는가!

성공과 실패를 결정하는 기준은 '포기'라고 한다.

"천천히 가는 것을 두려워하지 말고 가다가 멈추는 것을 두려워하라"는 말처럼, 멈추고 포기하는 순간 실패가 찾아오는 것이고, 그렇지 않는다면 성공을 위해 계속 나아가는 과정이 되는 것이다.

늘 노력과 탐구하는 자세로 임하며 모든 일이 내 맘 같지 않음을 인정하고 새롭게 진화하는 것이다.

성공보다는 실패를 통해 더욱 많이 배운다는 것을 깨닫게 되는 순간, 실패를 두려워하지 않고 비로소 자유롭게 된다.

적을 알아야
경쟁우위를 갖는다

 낚시를 처음 시작하게 되면, 일단 필요한 장비를 구입해서 채비를 갖추고 미끼를 준비해서 낚시를 떠난다.
 낚시 장소에 도착해서 대편성을 하고 미끼를 달아 캐스팅하고 기다리면 '끝'이라고 생각하게 되는데, 캐스팅하고 나서부터가 진짜 시작인 것이다.
 찌를 응시하며 물고기의 움직임을 감지하고 입질패턴을 파악하고, 여러 차례의 챔질을 통해 정확한 후킹(입걸림) 타이밍을 잡아낸다.

 낚시는 대부분 이런 식으로 낚시인 중심으로 진행되는데, 가끔은 낚시의 3요소 중의 하나인 대상어 중심의 사고도 필요할 때가 있다.
 "지피지기 백전불태(知彼知己 百戰不殆)"라는 말처럼 우리가 낚으려고 하는 대상어의 생태와 습성에 대한 이해가 있어야 한다.
 필자도 처음엔 대수롭지 않게 생각하며 낚시인 중심의 마인드로 낚시를 했었는데, 오랜 경험을 하다 보니 대상어 중심의 낚시가 조과에 훨씬 도움이 된다는 것을 알게 되었다.

출조를 하면 대부분 긴 시간을 낚시하기 때문에 가끔씩은 마인드 변화를 가져 보며 상황파악을 해보는 것이 지루함을 덜거나 또 다른 낚시 재미를 찾게 되는 방법일 수도 있을 것이다.

마케팅에서 고객 지향, 고객 만족을 추구하며 판매 전략을 세우는 것처럼, 낚으려 하는 대상어에 대한 정확한 이해와 더불어 낚시 기술을 구사한다면 보다 나은 성과를 만들어 낼 것이다.

가끔씩은 나도 낚시인이라고 말하지 않고, 민물어류 연구가라고 말하는 때가 있기도 하다.

눈에 보이는 고기는
절대 안 잡힌다

눈에 보이는 고기는 절대로 낚싯바늘을 물지 않는다.

물 위에 떠다니거나, 수면 가까이에서 움직임이 포착되는 물고기들은 산책이나 운동을 나온 것이지 먹이활동을 하는 녀석들은 아닌 듯 싶다.

눈에 띄는 녀석들을 낚으려고 미끼를 달아 아무리 던져도 절대 반응하지 않았던 그동안의 경험으로 봤을 때 그렇다.

낚시인들은 여기저기 유영하는 물고기들에 현혹되지 않기를 바란다.

오히려 물고기의 움직임이 전혀 느껴지지 않는 조용한 곳에서 입질을 받는다.

보이지 않게 다가와서 어느 순간 취식하고 떠나는 것이다.

이처럼 기회는 항상 보이지 않는 곳에서 소리 없이 찾아온다.

그렇기에 항상 예의주시하며 경계를 늦추지 않아야 하는 것이다.

흔히 기회는 보이지 않지만, 위기는 보인다고 한다. 위기가 기회인 셈이다.

따라서, 눈에 보이는 것 이상으로 의미 있는 가치나 기회가 반드시 내재되어 있다는 것을 염두해 두자.

인생에서도 언제 어느 때 찾아올지 모를 기회를 인지할 수 있는 안목을 갖는 것도 중요하고, 찾아온 기회를 제때 낚아낼 수 있는 준비된 역량을 갖추는 것도 필요하다.

페어플레이(Fair Play)

낚시는 스포츠라고 부르기도 한다.

만물의 영장이라 불리는 뛰어난 지능을 가진 인간과 고성능 레이더(옆줄)를 몸에 장착하고 있는 생명체와의 한판 승부.

대상어의 어신(입질)을 받아내고 후킹(입걸림)에 성공하면 낚시인과 물고기 사이에는 밀고 당기는 파이팅이 시작되고, 이때부터 서로 간에는 각각 50%의 승리 확률이 주어진다.

낚시인이 잡아낼 수 있는 가능성과 물고기가 달아날 수 있는 가능성이 서로 엇비슷하게 주어졌을 때 진정으로 공정한 게임이 된다.

일방적으로 끝나는 게임은 싱겁고 재미없을 뿐더러 스포츠맨십에 입각한 공정한 상호간의 플레이로 보긴 어렵다.

가끔씩 큰 물고기를 걸어서 낚싯줄이 끊어지거나 바늘이 부러지는 등의 채비 손실로 물고기를 놓치게 되면, 해당 부분을 강화하기도 하는데, 낚싯줄이나 바늘만 너무 강하게 보강하면 결국엔 낚싯대가 부러지는 상황이 발생할 수 있음을 유념해야 한다.

그렇다고, 낚싯대와 낚시줄낚싯줄, 바늘까지 강철소재의 초강력

채비를 만들어 사용한다면 과연 낚시의 재미가 있을까?

이것은 낚시의 도(道)에 어긋날 뿐더러, 밀당하는 파이팅 재미가 떨어져 쉽게 낚시를 멀리하게 되는 계기가 될 수도 있을 것이다.

낚시는 원하는 대상어를 정하고 그에 어울리는 채비를 구사하는 것이다.

무조건 강하고 억센 채비가 아닌, 대상어와의 페어플레이가 가능한 정도의 채비가 가장 적합하다.

만약에 채비의 한계를 넘나드는 물고기를 만나게 되면 최대한 랜딩 기술을 발휘하고, 그래도 채비를 터트리고 달아나는 녀석이 있다면 미련 없이 물고기의 승리를 인정해야 한다.

낚시는 무분별하게 남획하는 것과 다르고, 스포츠라고 부르는 이유도 이런 이유에서이다.

투자와 투기의 차이점은, 투자는 원금의 일정비율 정도의 수익 목표를 정해놓고 하는 것이고, 투기는 이러한 목표 없이 무조건 많은 이익을 만들어내려 한다는 것이다.

욕심내서 강한 채비를 갖추고 어떤 물고기라도 걸리면 우악스럽게 끄집어 낸다면, 과연 투기와 뭐가 다르겠는가?

페어플레이 정신의 스포츠맨십에 입각하여 진정한 스포츠로써 즐기고, 각본 없는 드라마를 함께 만들어낼 상대방(물고기)에 대한 존중과 고마움.

원하는 어종의 목표를 정하고 승리와 패배의 사이쯤에 있을 법한 아슬아슬한 채비로 공략하는 것이 훨씬 재미있는 낚시를 선사할 것이다.

명심하시라….
낚아낼 가능성 50%, 달아날 가능성 50%…!

※ 옆줄: 물고기 몸의 양 측면에 머리에서 꼬리까지 이어져있는 측선으로 물고기의 여섯 번째 감각기관이며, 물의 흐름, 온도, 수압, 진동 등을 감지한다.

각본 없는 드라마

낚시가 재밌는 이유다.
의외성... 항상 뜻하지 않는 일이 발생하여 늘 새롭다.
그래서 더욱 기대되는 부분이다.

낚시를 끝내고 일상으로 복귀하여 돌이켜보면, 출발부터 낚싯대 편성, 물고기와의 만남, 철수까지의 여정이 한 편의 드라마 같다. 각본 없는 드라마.

매일 같은 장소, 같은 시간에 낚시를 한다면 이동경로는 같을 수 있지만, 만나는 물고기는 그때그때마다 늘 다르고, 가끔씩은 한 마리도 못 만나기도 한다.

그래서, 낚시는 재미있는 것 같다.

늘 해도, 항상 같지 않다는 것. 지루함을 느낄 겨를이 없다는 뜻이다.

게다가 희노애락도 함께한다.
뜻하지 않는 대물을 만났을 때의 벅찬 희열감과 대상어와의 힘겨루기 중에 채비손실로 안타깝게 놓쳤을 때의 실망감, 함께 출조한 동료들과의 담소에서 피어나는 정겨움, 청명한 산과 물을 마주하며 자연의 품에 안겨있는 듯한 포근함. 마지막으로, 철수하는 길에 오를 때마다 누구나 느끼는 아쉬움.

이런 아쉬움이 항상 다음 출조를 만들어 내는 것이다.

그래서 낚시는 인생의 축소판이라는 생각도 든다.

꼭 버려야 할 것과
꼭 버리지 말아야 할 것

학창 시절 국어교과서에 나왔던 멋진 글귀가 아직도 기억에 있다.

조문도 석사가의(朝聞道 夕死可矣)
아침에 도를 듣고 깨우치면 저녁에 죽어도 좋다

낚시를 25년간 하면서 느낀 깨달음이 하나 있다.
낚시하면서 꼭 버려야 할 것과 꼭 버리지 말아야 할 것이 있다는 것을….

꼭 버려야 할 것은 욕심이고, 꼭 버리지 말아야 할 것은 희망이다.

물고기를 못 잡으면 한 마리라도 잡고 싶고, 한 마리를 잡으면 여러마리 잡고 싶고, 또 여러마리를 잡으면 큰 것을 잡고 싶고, 큰 것을 잡으면 마릿수를 더 하고 싶고…. 이렇듯 욕심은 끝이 없다.
대물에 대한 욕심, 마릿수에 대한 욕심 때문에 철수 시간도 아랑곳하지 않고 낚시에만 매달리다가, 결국 몸도 마음도 파김치가 되어 버린다.

지나고 나서 후회하지만, 낚시가면 또다시 반복되고, 참으로 욕심을 버리기가 말처럼 쉽지는 않다.

물고기는 방생하되 나 자신은 방생하지 못하는 그런 상황에서는 낚시의 참의미가 퇴색될 수밖에 없다.

주위 사람이 잡은 물고기 크기나 마릿수에 대해서도 연연하지 말고, 스스로의 욕심을 버려야 편안한 마음으로 낚시를 낚시답게 즐길 수 있다.

'그물로는 못 하지만, 낚시로는 물고기 씨를 말릴 수 있다'는 말도 이런 사람의 끝없는 욕심의 무서움을 표현한 것이 아닐까?

따라서, 낚시할 때에 자연히 수반되는 이런 욕심은 반드시 버려야 한다.

입질도 드물고 물고기가 안 잡히는 날엔 '틀렸어!' 하고 쉽게 단정 짓고 낚시는 멀리하고 다른 유흥을 즐기는 경우가 있다.

"끝날 때까지 끝난 게 아니다"라는 말처럼 쉽게 포기하지 말고 끝까지 희망을 가지고 적극적으로 노력해봐야 한다.

하다 보면 결과가 어떻게 될지는 아무도 장담할 수는 없지만, 긍정적인 희망을 갖고 열심히 해보는 거다.

밤샘 낚시를 하면서 피곤함을 이길 수 있는 것도 언제 찾아올지 모르는 대물에 대한 희망 때문이었지 않은가?

희망이라는 단어는 우리의 지친 몸과 마음에 강한 에너지를 지속적으로 공급해 주는 발전소인 셈이다.

주위 환경과 진행 상황이 좋지 않더라도 희망은 꼭 버리지 말아야 한다.

앞서 이야기한 것이 단순한 진리 같지만, 25년간 수천만 원의 낚시관련 비용을 지출해 가면서 긴 시간 동안 현장에서 몸소 깨달은 교훈이다.

'낚시가 헛되진 않았구나!' 싶을 정도로 값진 깨달음이며, 다른 한편으로 수업료(비용)가 너무 아까워서 꼭 지키려고 노력하고 있다.

장비병

레저스포츠를 즐기는 한국 사람들에게는 고질병이 하나 있는데, 그것이 바로 장비병이다.

골프를 치는 사람들이 하는 우스갯소리가 있다.
골프를 치다가 공이 잘 안맞는 슬럼프가 찾아오면, 미국, 일본, 한국 사람마다 극복하는 방법이 다르다고 한다.
미국 사람들은 연습을 보다 많이 한다고 하고, 일본 사람들은 원인 분석에 집중한다고 하고, 한국 사람들은 클럽을 바꾼다고 한다.
한국인의 장비에 대한 집착을 풍자한 말이지만, 확실히 이런 경향이 있는 편이다.

특히나, 장비병은 동호회 활동을 하다보면 훨씬 심하게 나타난다.
동호회는 많은 사람이 모이기 때문에 각양각색의 장비들이 나타나고, 특히나 얼리어답터(Early Adopter: 신제품을 빠르게 구입하는 소비자) 같은 회원들이 보유한 최신식 고가의 장비들을 접하고 경험하게 되면 지름신이 강림하게 된다.
좋은 장비를 한번 만져보면 그 맛에 결국 구매로 이어지게 되는 것이다.

그런데 자신의 기술과 경험은 고려하지 않고 무조건 비싸고 고급 장비를 선택하는 것은 금물이다.

특히나 낚싯대 같은 경우는 고급 장비일수록 고탄성 카본을 사용하기 때문에 순간적인 강한 부하에는 약한 경우가 많다.

어느 정도 노하우나 낚시 실력이 가미되지 않으면 쉽게 부러뜨리는 경우도 있으니, 무조건 비싸고 고급만 추구하는 것은 바람직하지 않다.

뿐만 아니라, 경제적인 비용지출 또한 무시할 수 없다.

장비병 외에도 중복투자를 최소화하는 것도 고려해 볼 사항이다.

레저스포츠를 위해 장비를 구입하고, 일정수준 이상으로 꾸준히 사용하다 보면 장비는 노후되고 자신의 실력은 높아져서 업그레이드하는 것이 순리에 맞다.

하지만 처음 시작할 때에 초보자라고 너무 값싼 장비를 선택했다가 쉽게 고장 나서 또다시 구입하게 되는 중복투자는 피해야 한다.

그래서 처음 구매할 때도 자신의 수준 향상을 고려해서 어느 정도 인지도 있고 현재 수준보다 한 등급 높은 장비를 사는 것은 현명한 방법이다.

자동차 동호회에서 튜닝을 많이 하던 사람들이 결국엔 순정으로 돌아오는 경우도 심심치 않게 보게 된다.

어디 한 군데를 튜닝하니 다른쪽이 부족하고, 그곳을 튜닝하니 또 다른 파츠가 좀 아쉽고…. 이렇게 튜닝을 계속하다 보면 비용과 시간도 많이 들뿐더러, 결국엔 지쳐서 순정으로 돌아온다고 한다.

그러면서 하는 말이 '튜닝의 끝은 순정이다'라고 하는데, 이것도 중복투자를 경계하는 일화가 아닌가 싶다.

같은 취미를 즐기는 선량한 다른 사용자들을 현혹시키지 않도록, 최신식의 값비싼 고급 장비를 사용한다고 과시하지는 말아야 한다.

"값비싼 낚싯대를 사용한다고 고기를 많이 잡느냐?"고 질문한다면, 대답은 "꼭 그렇지는 않지만, 그럴 수도 있다"이다.

비싼 낚싯대를 사용하는 사람은 누군가 훔쳐갈까봐 낚싯대 곁을 못 떠나고 밤새도록 지키고 있게 되는데, 그러다 보면, 남들보다 조과가 좋을 수 있다.

물론 웃자고 하는 소리였고, 물고기의 입질은 절대로 장비를 가리지 않는다.

그리고 이렇게 되면 주객이 전도되는 꼴이 돼서, 유저가 장비를 위해 존재하는 것 같은 인상을 준다.

오래도록 사용해서 자신의 손에 잘 맞고, 장비의 능력을 최대치로 끌어낼 수 있어서 애착이 많이 가는 장비가 최고의 장비가 아닌가 싶다.

속담에도 '서투른 목수가 연장만 나무란다'는 말이 있지 않은가?

찌는 소통채널

맥낚시라는 낚시기법은 낚싯대나 낚싯줄을 잡고 있는 손의 감각으로 물고기의 어신을 느끼기 때문에 훨씬 정확하고 직관적인 파악이 가능하다.

하지만 찌낚시는 물밖에 나와 있는 찌를 통해 어신을 파악해야 하므로 약간의 경험과 지식이 필요하며, 적응되고 익숙해지면 오묘한 재미가 있다.

찌에서 보이는 움직임이 시그널이자 메시지가 되며, 이를 통해서 물고기의 몸짓을 간파하고 읽어내게 되는 것이다.

결국 찌는 물고기와 낚시인 사이에서의 소통 채널이 된다.

눈에 보이지 않는 영역을 보여주고 전달해주는 수단이자 서로 간의 관계 형성을 도와주는 미디어, 즉 매개체인 셈이다.

술은 사람과 사람을 연결해주는 매개체,
낚시는 사람과 자연을 연결해주는 매개체,
찌는 낚시인과 물고기를 연결해주는 매개체.

찌의 감도는 1차적으로 찌의 몸통을 구성하는 재료의 종류나 크기·형태에 따른 부력의 차이로 결정되고, 2차적으로는 수중 봉돌의 무게와 찌의 부력과의 균형잡인 찌맞춤으로 결정된다. 일반적으로 *표준찌맞춤을 주로 사용한다.

그런데 찌의 민감도가 높아 예민하게 반응한다고 해서 다 좋은 것은 아니다.

잔챙이 입질이나 대류현상 등의 무의미한 정보도 함께 제공할 수 있어, 때에 따라서는 피곤한 낚시가 될 수도 있으니 낚시환경과 입질상황 등을 고려하는 것이 중요하다.

어신 파악을 위해서 찌 끝의 2~4㎝ 정도를 수면 위로 내놓고 하는데, 이보다 수면 위로 많이 올려놓으면 가끔씩 입질이 온 것 같은 착시현상을 느끼게 되고, 너무 수면까지 맞닿게 하면 표면장력에 의해 찌의 움직임이 둔해질 수도 있다.

그래서 캐미꽂이 아래의 한마디 정도를 수면 밖으로 내놓고 낚시하는 것이 가장 눈의 피로도도 적고 입질의 파악에도 용이하다.

찌의 움직임 속에서 대상어의 입질패턴을 찾아가며 거짓입질과 진짜입질을 구분하는 하는 눈을 가지게 된다면 조과에도 분명히 좋은 영향을 주게 될 것이다.

※ 표준 찌맞춤: 미끼를 제외한 모든 채비를 갖춘 상태에서 찌를 봉돌에서 30㎝ 정도 위까지 내리고 캐스팅 했을 때, 찌 전체가 물속으로 완전히 가라앉지 않

고 찌톱의 캐미가 수면에 닿아 있는 상태의 찌맞춤. 이것을 기준으로 필요에 따라 수중 봉돌의 무게를 가감하면서 사용한다.

> **Tip** 입질이 아주 미약한 저수온기 경우에는 찌맞춤을 가볍게 하는 것보다는 저부력의 찌를 표준 찌맞춤 해서 사용하는 것을 추천한다.

적당한 지식은 조미료

　어떤 취미활동이든 기초지식을 갖고 하면 비용이나 재미 측면에서 훨씬 낫다.
　처음엔 어떻게 접근해야 되는지 몰라서 마음만 있을 뿐 쉽사리 시도하지 못하는 경우도 있고, 막상 시작해보니 모르는 것과 궁금한 것이 많아지기도 하고.
　이럴 때는 주변 사람 중에 해당 분야에 대한 경험이 많은 사람하고 상의하거나 실제로 함께 해보는 것이 좋다.
　만약에 안타깝게도 이런 사람이 주위에 없다면 인터넷을 통해 정보를 찾아보는 것도 방법인데, 인터넷 지식에는 확실히 한계는 있다.

　전문인들은 해당 영역에 대한 지식과 경험도 많을 뿐더러, 뜻하지 않은 위험 상황을 감지하고 보호할 수 있는 노하우와 장비들을 갖추고 있다.
　반면에 초보자들은 돌발 상황에 대처하기 힘든 건 사실이다.

　취미라는 것이 제대로 영위하면 삶의 활력소가 되지만, 자칫하면 엉뚱한 방향으로 흘러서 본연의 뜻을 흐리고, 결국에는 또 다른 스트레스로 돌아올 수 있다는 사실을 명심하자.

그래서 전문인의 가이드나 손길이 필요한 것이니 가능하다면 주위의 전문인에게 한 번쯤은 조언을 구하거나 동행해보는 것을 추천한다.

"선무당이 사람을 잡는다"는 말이 있는데, 이와 일맥상통하는 영어 속담으로는 "Little Knowledge is Dangerous"가 있다.

영어 속담이 조금 재밌어서 인용해봤는데, 한국 속담보다 훨씬 직설적이면서 금방 와 닿는다.

얕은 지식은 위험한 것이다. 자신뿐만이 아니라 주위 사람들까지도.

적당한 지식은 꼭 필요하다.

관련 지식을 통해 개념을 갖고 차츰차츰 수준 높은 마인드를 형성하게 된다면, 보다 더 빨리 원하는 수준에 도달할 수도 있고, 나아가 해당하는 분야의 진정한 참 의미를 깨닫게 될 수도 있을 것이다.

요리에서도 감칠맛을 내는 조미료가 필요하듯이 취미 생활에서도 마찬가지다.

적당한 지식은 조미료와 같다.

채비 밸런스(Balance)

'미니멈의 법칙'이라는 것이 있다.

쇠사슬의 강도는 가장 강한 고리가 아니라 가장 약한 고리에서 전체의 강도를 결정한다는 것으로 네트워크에서의 전송 속도도 마찬가지다.

회선이 100메가 속도의 라인으로 연결되더라도 어느 한 지역에서 1메가 속도의 케이블을 사용한다면, 전체적인 속도는 1메가로 귀결된다는 것이다.

아무리 좋은 파트로 구성된 물건이라도 약하고 취약한 부분이 있다면 그것이 전체의 품질을 결정짓기 때문에 전체적인 조화와 밸런스가 무척이나 중요하다.

낚싯대와 낚싯줄(원줄+목줄), 바늘 등의 각각의 부품들이 일직선상에 놓이게 되는 낚시용 채비도 서로간의 밸런스를 이루었을 때 최강의 힘을 발휘한다.

낚싯대의 탄성력과 낚싯줄의 인장력으로 물고기의 저항하는 힘을 완충하고 버텨주며, 낚싯바늘은 물고기의 주둥이를 끝까지 잡아주는 역할을 한다.

그런데 낚싯대에 비해 낚싯줄이 너무 강하면 낚싯대가 부러지고, 원줄에 비해 목줄이 너무 강하면 원줄이 끊어지는 일이 발생한다.

각각의 위치에서 기능이 있고 고유 능력치의 차이가 있는 것은 분명하므로 서로 간의 강도를 조율하여 적절한 균형을 이루었을 때 비로소 극강의 낚시도구로 완성되는 것이다.

최적의 균형을 이루었다면 대상어 랜딩에 성공하게 될 것이며, 밸런스가 무너져 있다면 그 부분에서 우려했던 일이 발생하여 랜딩에 실패할 것이다.

최적의 밸런스 한계치를 초월하는 어마어마한 잠수함 급의 물고기가 걸렸다면, 그나마 채비 손실의 최소화를 위해 바늘을 묶고 있는 목줄이 끊어지는 편이 바람직하다.

우리가 살아가고 있는 사회나 조직, 집단에서도 마찬가지이다.

저마다 다른 성향과 능력을 가지고 있지만, 적절한 위치에서 서로간의 능력을 끌어 올리면서 전체적인 조화를 이루어내는 것이 무엇보다 중요하다.

과연 우리는 조직 구성원 사이에서 미니멈 부분이 되지는 않았는지 가끔씩 자문해 볼 필요가 있을 것이다.

'워라밸(일과삶의균형)'이란 말도 있듯이, 밸런스가 답이다.

외대일침
(하나의 낚싯대와 하나의 바늘)

처음 낚시를 시작할 때는 짧은 길이의 낚싯대 1~2개로 시작한다.

그러다가 시간이 흘러 낚시에 익숙해지면, 낚싯대 개수도 점점 늘어나고 관련된 부가장비(파라솔, 보조백, 받침틀 등)도 추가된다.

낚시 오래하신 분들의 낚시 짐을 보면 거의 피난민 수준이며, 짐이 너무 많아서 집안에 보관할 장소도 마땅치 않고 자동차에서 꺼내고 싣기가 힘들어서 그냥 트렁크에 가득 싣고 다닌다.

필자도 처음엔 낚싯대 2대로 시작해서, 3년이 채 되기도 전에 낚싯대 개수가 10대 가까이 늘어났다.

낚싯대가 늘어나니 넣고 다닐 낚시가방도 큰 것이 필요해지고, 새롭게 구매하는 김에 보다 넉넉하고 큰 가방을 샀더니 결국 그 가방을 다 채우게 되었다.

빈 공간이 보이니 채우고 싶은 생각이 절로 드는 것이, 참 사람 심리가 묘하다.

구입하다 보니 한도 끝도 없어지고 장비에 대한 욕심만 날로 늘어가는 것 같아서, 우선적으로 낚시가방의 크기를 줄이기로 했다.

커다란 낚시가방에서 컴팩트하고 작은 가방으로 줄여보니 필수적인 장비만 수납될 수밖에 없고, 나머지 방치되는 낚싯대들이 생겼다.

꼭 필요한것, 덜 필요한것, 불필요한 것이 보이기 시작하면서 그렇게 낚싯대 정리가 마무리되었다.

어느 날, 지인들과 얘기를 나누다가 '외대일침'이란 말이 오고 갔다.

한 대의 낚싯대에 하나의 바늘만을 달아서 낚시한다는 뜻이다.

민물 루어낚시나 바닷가의 갯바위 찌낚시는 대부분 이렇게들 많이 한다.

하지만, 민물낚시는 거치대를 이용하기 때문에 보통은 다대 편성이 대부분이고, 바늘도 2개를 사용하는 2봉 채비를 표준처럼 사용한다.

외대일침을 민물낚시에서 실천해보고 싶은 마음이 들었지만, 쉽진 않았다.

많은 생각과 오랜 망설임 끝에 우선, 낚시바늘 2개 중에 1개를 끊어냈다.

단순히 바늘 하나를 떼어내는 행위에 그치는 것이 아니라 마음속의 욕심을 반으로 잘라내는 것이었다. 일종의 혁명과도 같은 일이었다.

바늘을 한 개만 사용하면 일단 대상어가 낚싯바늘을 흡입할 확률이 1/2로 줄고, 짝밥(바늘 두 개에 서로 다른 미끼 사용)채비 운용이 불가능해진다.

미끼운용술 면에서나 조과적인 측면에서도 2봉 채비보다 훨씬 불리한 건 사실이다.

하지만 달의 양면처럼 단점이 있으면 반드시 장점도 있는 법.

외바늘을 사용하면 정확히 입에만 걸려 나와, 등이나 옆구리 등에 바늘 하나를 더 걸고 나오는 어중간한 몸짓보다 훨씬 정확한 물고기의 놀림을 느낄 수 있다.

그리고 수초가 많거나 바닥이 깨끗하지 않은 지형에서 바늘이 걸리거나 끼어서 애먹을 확률이 덜하며, 바늘 2개로 짝밥을 사용하다 보면 어느 미끼에 반응했는지 정확하지 않은 경우가 있는데, 외바늘은 이 부분에서도 명쾌하다.

낚싯대를 한 대만을 사용한다는 것은 바늘을 하나 떼어내는 것보다 훨씬 큰 결심이 필요하다. 바늘 하나를 떼어낼 때 욕심의 1/2을 제거했다면 낚싯대 한 대만 사용한다는 것은 그 나머지 욕심을 모두 없앤다는 것을 의미한다.

매번 여러 대의 낚싯대를 운용하다가 한 대만을 펼쳐 놓으면, 늘 해왔던 습관 탓에 무척 허전함을 느끼고, 어색한 감정까지 들게 된다.

어쩌면 이런 어색한 감정은 낚싯대 개수 때문이 아니고, 욕심을 거의 비우고 낚시해 본 적이 없었기에 느끼는 어색함 일 것이다.

넓은 저수지에 덩그라니 낚싯대 한 대만을 펴 놓는다는 것은 참으로 공허하고 묘한 기분이겠지만, 분명히 매력은 있다.

마음도 비워지고 긴장감이 사라지며 편안해지는 느낌….

모든 것을 내려놓고 낚시행위 자체를 즐길 수 있는 마음 속 여유를 찾게 된다.

마치 넓은 저수지를 낚싯대 하나로 낚아낸 듯한 호연지기도 느끼고, 그로인해 고즈넉한 분위기의 신비로운 매력에 빠져들기도 한다.

외대일침 낚시는 거의 도인의 풍모가 드러나는, 어느 정도의 내공이 필요한 낚시임엔 틀림없다.

그 옛날 춘추전국시대의 강태공의 심정을 헤아릴 수 있을지도 모른다.

외대일침… 정말 자연을 낚는 낚시다.

낚싯대를 잡는 순간 모든 이는 공평하다

　낚시터에서 대부분의 조사들에게 아무런 입질도 없을 때 초보자나 혹은 낚시인 가족으로 보이는 어린이나 여성분이 물고기를 잡아내는 것을 왕왕 본다.
　초보자의 행운일까? 한 번도 아니고 몇 번씩이나…
　이런 면에서 낚시는 참 평등하다는 생각이 든다.
　남녀노소나 경험·지식을 막론하고 낚싯대를 잡는 순간 모두가 공평하다.
　'기회의 평등'이라고 일반적으로 말하는 관념적인 표현을 떠나서 실제적인 조과도 뒷받침해주는 경우를 자주 본다.
　낚싯대를 드리우고 물가에 앉아있으면 모든 이는 자연 속에서 평등한 것이다.
　드넓은 자연의 포근하고 넉넉한 품은 초짜 낚싯대, 고수 낚싯대, 값싼 낚싯대, 비싼 낚싯대를 가리지 않고 모두를 똑같이 품어준다.
　역시나 차별이란 말은 인간이 만들어낸 것이 아닐까?

　낚시를 오랫동안 하다 보면 주변 조사들이 사용하는 장비나 낚시하는 품새를 통해서 그 사람의 조력(낚시 경험치)을 어림잡아 짐작하게 된다.

조력이 깊은 조사나 전문가들이 낚시할 때 보여주는 일련의 행동은 끊어짐이 없이 부드럽고 유연한 선을 그려낸다.

과장을 조금 가미하면, 전체의 흐름에서 아우라가 느껴지는 경지라고 할 수 있다.

반면에 초보자들은 어딘지 모르게 어설프다.

그렇지만 이건 어디까지나 관찰하고 분석하기 좋아하는 낚시인의 생각일 뿐이고, 물고기가 물어주는 것은 누구에게나 공평무사(公平無私)하다.

낚싯대를 드리우는 순간부터는, 조력에 의한 노하우의 차이나 성별이나 연령에 따른 신체적 능력의 차이 등의 모든 전제조건을 불문하고 누구에게나 절대적인 평등이 주어진다.

그렇기에 편안하게 힐링할 수 있는 취미. 이것이 바로 낚시다.

한 마리만 더

낚시인의 영원히 풀지 못하는 숙제가 무엇일까요?

정답은 '한 마리만 더'.

한 마리만 더 잡겠다고 벼르던 그 한 마리를 잡게 되면, 또다시 '한 마리만 더'가 기다렸다는 듯이 뇌리 속에 떠올라 자리 잡는다.

이처럼 영원히 끝나지 않고 이어지는 뫼비우스의 띠와 같은 무한반복과도 같아서, 낚시인들에게는 영원히 풀지 못하는 숙제로 남는 것이다.

낚시를 조금은 진심으로 해봤다는 분들에게는 충분히 공감되는 얘기일 것이다.

1박 2일의 일정으로 낚시를 가서 함께 출조한 동료들하고 다음 날 오전 철수시간을 대략 9시쯤으로 정한다.

그런데 약속했던 다음 날 아침 9시가 되어도 누구 하나 "그만하고 철수하자"는 말을 쉽게 꺼내지 않는다.

다들 한 마리만 더 잡고 싶은 마음인 것이다.

그러다가 시간이 흘러서 10시가 넘어가면 누군가가 "30분만 더 하고 가자"는 말을 하지만, 30분도 훌쩍 넘겨서 해가 중천에 이르

렀을 즈음에야 피곤함과 허기가 몰려와서, 그제서야 철수한다.
이것이 낚시인의 마음이 아닌가 싶다.
덜 잡아도 더 잡아도 계속 떠나지 않는 말. '한 마리만 더'.

더 잡고 싶은 욕심도 있겠지만, 그보다는 재미를 더 즐기고 싶은 마음과 떠나기 아쉬운 마음 등이 복합적인 요인으로 작용하기 때문이 아닐까 싶다.
하지만 미련이나 아쉬움을 남겨야만 다음에 대한 기대감이 커지는 것처럼 적당한 선에서 정리하고 떠나는 것이 현명한 방법이 될 것이다.
"화장은 하는 것보다 지우는 것이 중요하다"는 광고 카피문구처럼 낚시는 하는 것보다 마무리를 깔끔하게 하는 것이 중요하다.
'한 마리만 더'라는 생각은 이제 좀 내려놔야 하지 않을까?

낚시를 정확한 시간에 끝내는 노하우를 하나 소개할까 한다.
바로 낚시 3요소 중에 하나인 미끼(떡밥)를 없애버리는 거다.
낚싯대를 접고 철수하자는 얘기는 쉽게 나오지 않아도, 마지막 미끼를 바늘에 달아주고 나머지는 비우자고 하는 말은 조금 더 쉬우면서 또 효과적이다.
채비와 대상어가 존재하지만, 낚시 3요소 중에 하나인 미끼가 없으면 낚시행위가 성립하지 않으니 자연스레 철수하게 된다. 많은 경험에서 터득한 방법인데 동료들과 낚시 가면 활용해보길 바란다.

자신의 미끼에 대한 믿음

미끼는 유혹의 도구다.

루어낚시에서 사용하는 루어(Lure, 인조미끼)도 '유혹하다, 꾀어 불러내다'라는 뜻이 있듯이, 낚시인에게 미끼는 물고기를 유인하는 수단이다.

따라서 미끼는 대상어가 좋아하는 것으로 바늘이 어느 정도 감춰지도록 정성스레 달아서 캐스팅해야 한다.

낚시점에 가보면 굉장히 다양한 미끼를 판매하는데, 너무나도 종류가 많아서 무엇을 선택해야 하는지 혼란스러울 때가 있다.

떡밥 미끼는 크게 3가지 카테고리로 나눌 수 있는데, 구루텐 계열, 곡물성 계열(보리, 옥수수, 콩가루), 동물성 계열(어분, 새우가루)이 그것이다.

카테고리마다 제조회사가 다르고, 첨가되는 향이 다르다는 차이는 있지만, 사용을 해보면 큰 차이는 없고 거기서 거기다.

결국 미끼 운용은 보편적으로 많이 통용되는 미끼와 자신이 즐겨 쓰는 미끼로 귀결된다.

낚시하다 보면 주위 사람은 입질을 받았는데 자신에게는 입질이 없다고 금방금방 미끼를 다른 종류로 바꾸는 조사들을 보게 된다.

 융통성 없이 하나만을 고집하는 것도 좋지는 않지만, 변덕이 죽 끓듯이 자주자주 바꾸는 것도 바람직하지 않다.

 일단, 자신의 미끼에 대한 믿음을 가져야 한다.
 삼국지에 등장하는 오나라의 손권이 인재를 등용할 때 사용하던 원칙이 '의심나면 쓰지 말고, 썼으면 믿어라'라고 한다.
 사전에 이모저모 충분히 고려해서 신중한 선택을 했다면, 믿음을 가지고 뚝심 있게 밀고 나가는 것이다.
 믿음을 가지고 기다리다 보면, 언젠가는 기회가 온다.
 낚시터에서 대편성을 마치고 미끼를 준비한 후에 첫 미끼를 달아서 던질 때가 그 어느 때보다도 가장 기대감이 크고 설레인다.
 '과연 이번엔 어떤 녀석을 만날까? 두근두근~'
 가끔씩 미끼를 달아 던지고 나서 자기최면처럼 주문을 걸기도 한다.
 '원하는 포인트에 잘 들어갔어! 왠지 느낌이 좋아!'

선택과 집중

낚시가 잘되는 날도 있고 안 되는 날도 있다.

그날그날 상황에 따라 조과가 변화무쌍하고 예측하기도 힘든 것이 낚시다.

하루 중에 물고기들의 먹이 활동이 활발하여 입질을 많이하는 시간대가 있는데 이를 피딩타임(Feeding Time: 먹이활동시간) 이라고 부른다.

사람은 보통 하루에 3끼를 먹는데, 대부분의 민물 어류(야행성 제외)는 아침 동틀 무렵과 저녁 해질 무렵에 집중적으로 먹이활동을 한다.

낮이나 밤에는 먹이활동을 하지 않는다는 것은 아니지만, 피딩타임 시간대보다는 입질이 확연히 줄어든다.

따라서 대상어종의 피딩타임을 고려하여 그 시간대에 집중해서 낚시한다면 조금 더 좋은 조과를 거둘 수 있다.

효과나 효율성을 이야기할 때 자주 거론되는 선택과 집중이라는 말이 낚시에서도 통용된다.

입질도 없고, 더욱이 물고기의 움직임이 거의 없다고 느껴질 때는 체력을 안배하는 차원에서 편안한 마음으로 즐기는 것을 추천한다.

낚시 특수(特需)

1년에 2번 정도는 대박 조황을 만날 수 있는 시기가 있다.

다름 아닌 산란철과 장마철인데, 필자는 이를 산란특수, 장마특수라고 말한다.

> 특수(特需): 특별한 상황에서 발생하는 수요(조황)

산란특수

산란철인 봄(3~5월)에는 물고기들이 알을 낳기 위해 수초가 많이 분포하고 수심이 얕은 상류 근처로 모여드는 시기다.

몰려든 많은 물고기가 수초들 사이에서 몸을 비벼대며 소란스럽게 알을 낳는데, 이 시기엔 대물급 물고기를 평소보다 쉽게 만날 수 있다.

평평한 바닥보다는 수초들 사이가 치어들에게 은신처를 제공하여 훨씬 안전할 수 있다는 모성본능과 수초에서 태어나 수초로 돌아오는 회귀본능이 동시에 작용하기 때문이다.

산란하기 위해 수초가 있는 곳으로 들어오는 때나 산란이 끝나고 다시 돌아가는 때에는 입질을 하지만, 철퍼덕거리며 소란스럽게 산란을 진행 중인 때에는 먹이활동을 하지 않는다는 것을 알아두자.

그런데 이런 산란특수 때에는 생태계 유지나 어족 보호차원에서 적당히 잡고 방생을 해줬으면 하는 필자의 바람이다. 특히나 알이 그득하게 차서 아랫배가 통통한 산란 직전의 물고기들은 필히 놓아줬으면 한다.

※ 붕어 기준으로 산란 순서는 '수로 → 평지형저수지 → 계곡형저수지 → 댐' 순이다.

장마특수

장마철인 여름(7~8월)에 강한 폭우로 인해 물이 급격히 불어나서 며칠 만에 만수위에 육박하게 되면 깊은 곳에 있던 물고기들이 연안 쪽으로 다가온다.

5~6월 농번기로 인해 물을 많이 배수하는 탓에 대부분의 저수지나 댐에는 수중에 잠겨 있던 땅 일부분이 드러나게 되고, 그곳에 육초(풀)들이 자라나게 된다.

그러다가 장마철의 어마어마한 강수량으로 인해 육초가 완전히 수몰되게 되면 그 사이의 풍부한 먹잇감을 찾아서 깊은 곳에 있던 물고기가 연안으로 올라오는 것이다.

이 시기에는 10번을 가면 9번을 공친다는 충주댐이나 대물터로 유명한 저수지 등에서도 대박 조황 소식을 어렵지 않게 들을 수 있다.

육초는 수초와 달라서 물속에 잠기게 되면 5~7일 정도부터 썩어가기 시작하는데, 부패되면서 발생하는 이산화탄소 등의 유해가스로 인해 수중의 용존산소량이 낮아진다. 이로 인해 들어와 있던 물고기들이 다시 빠져 나가게 된다.

그래서 장마특수는 육초대가 물에 잠긴 날부터 썩어 들어가기 시작하는 1주일 정도 시간이 전부다.

장마특수는 산란특수보다 기간이 훨씬 짧아서 제때 시간을 맞추기가 어렵고, 주말밖에 시간이 나지 않는 직장인들에게는 더더욱 쉽지 않다.

이처럼 1년에 2번 정도 찾아오는 특수시기에 때와 장소를 잘 만나게 되면 꿈에 그리던 대박 조황을 이룰 수도 있다.

씨알 좋은 녀석들을 많이 만나더라도 무분별한 남획이 되지 않도록 적당히 취하고 돌려보내주는 미덕을 발휘하시길….

"낚아내는 재미, 방생하는 기쁨"

놓친 물고기가 제일 크다

 낚시하는 데 있어 찌에 나타나는 입질(어신)을 파악하여 챔질(후킹)을 통해 물고기를 낚싯바늘로 걸어낸 후 적당한 실랑이 끝에 끌어냄(랜딩)에 성공하여 어망(살림망)에 담가두는 것이 베스트 케이스다.

 하지만 가끔은 바늘이 부러지거나 낚싯줄이 끊어져서 얼굴도 못 보고 놓치는 경우가 발생하는데 이럴 때의 아쉬움은 말도 못한다.

 바늘에 걸렸던 물고기의 크기 때문일 수도 있지만, 교체 없이 너무 오랫동안 사용한 채비가 낡고 흠집이 생겨서 이런 아쉬운 상황을 만들었을 수도 있다.

 그러므로 혹시라도 언제 마주칠지 모르는 대물과의 한판승부를 위해 유비무환 정신으로 채비의 상태를 가끔씩 체크해 보는 것이 중요하다.

 이렇게 놓친 물고기는 미련과 아쉬움으로 포장되어 마음 한구석에 살게 되며, 기억 속에서 소환될 때마다 크기가 점점 부풀려져 결국엔 제일 큰 물고기로 기억되는 것이다.

 채비가 손실되며 놓친 물고기에 대한 허탈감에 넋이 나갈 지경이지만, 그래도 멀리 달아나지 않고 돌아오기를 바라는 마음으로 새롭게 미끼를 달아 던진다.

    이것이 바로 낚시인 것이다.

    살면서도 놓친 기회나 재물에 대한 미련이 남는 경우가 종종 있게 되는데, 이미 지나버린 그것에 집착하여 현실을 낭비하지 말고, 다시금 기대감을 가지고 열심히 정진하는 것이 현명한 처세가 아닐까 싶다.

    미련은 빨리 버리자.
    그리고 다시 돌아올 녀석을 맞이할 준비를 하자!

낚시는 건전한 레저스포츠

낚시는 건전한 레저스포츠라고 얘기했는데, 그러면 건전하다는 뜻이 무엇일까?

사전적 의미는 '생각이나 행동이 참되고 바르다'이다.

낚시뿐만 아니라 여가를 할애하여 즐기는 취미는 취미로써 건전하게 즐길 때가 가치가 있는 것이지, 거기에 부가적인 향락이 끼어들어서는 안 된다.

"견예광학 불미주색(見藝廣學 不迷酒色)"이란 말이 있는데, '남들의 재주를 보고 널리 배우되, 술과 여색에 미혹(유혹)되지는 말라'는 뜻이다.

취미를 영위함에 있어 필요한 기술이나 노하우는 열린 마음으로 받아들이고, 주색이나 도박(내기) 등의 사행성 행위는 멀리해야 한다.

그렇지 않으면 취미 본연의 아름다운 가치가 퇴색되고 점차로 불건전한 방향으로 흘러서, 결국엔 후회만 남긴 채 취미생활 자체를 부정하고 기피하게 된다.

낚시를 함에 있어서도 꼭 명심해야 하는 덕목이며, 이외에도 가족, 친구, 친족 등 주변의 친밀한 사람들과의 조화로운 관계 유지에도 신경 써야 한다.

휴식을 위한 취미 활동이 도를 넘어서 빠지게 되면, 인간관계 악화로 치닫게 되어 자칫하면 스트레스나 불행의 씨앗으로 변질될 수 있음을 명심해야 한다.

세상에는 '보이지 않는 선(線)'이 있다. 애덤 스미스의 '보이지 않는 손'이 아니고 선(線)이다.

진입이나 접근을 막기 위해 표시하거나 설치해 놓은 눈에 보이는 물리적인 선이 있는 반면에, 도덕적으로나 사회 통념적으로 허용되는 영역을 구분하는 보이지 않는 관념적인 선이 있다.

대부분 보이는 선은 잘 지키지만 보이지 않는 선은 다소 소홀히 하는 경향이 있는데 사실상 사회적 관계 형성에서는 보이지 않는 선이 더욱 중요하며, 낚시에서도 마찬가지로 그 경계를 넘지 않도록 정도를 지키는 자세가 중요하다.

일과 생활과의 균형이라고 하는 '워라밸'이라는 말이 있는데, 필자는 '워라하밸(Work & Life & Hobby Balance)'이라는 표현을 쓰고 싶다.

일과 생활과 취미와의 균형.

삶의 휴식과 재미를 더하기 위해 취미는 분명히 또 다른 해결책을 제공하고 있는데, 일과 생활이라는 영역과의 균형감을 유지하고 서로의 영역에 피해를 주지 않는 조화로움과 건전함을 추구하는 것이 바람직하다.

 낚시는 '건전한 레저스포츠'라는 것을 명심하자!

한계는 피하는 것이 아니라 극복하는 것

낚시를 하다 보면 여러 가지 한계 상황을 만나게 된다.

강한 비바람과 작열하는 태양, 매서운 추위 등의 날씨와 관련된 극한상황과 거친 물살, 빼곡한 수초, 모기떼 습격 등의 낚시 장소의 특수성에서 나타나는 한계 상황이 그것이다.

비바람을 막아내기 위해 방수가 되는 낚시용 의류와 장화를 준비하고, 매서운 추위를 이겨내기 위해 야외용 가스난로나 낚시 텐트를 준비하고, 강렬한 햇빛을 차단하기 위해 튼튼하고 넓은 파라솔을 준비한다.

또한 거친 물살을 이겨내기 위해서는 무거운 봉돌을 장착하고, 수초가 빼곡한 곳에서는 낚시 공간을 만들기 위한 수초 제거용 낫을 활용하고, 극심한 모기떼를 쫓기 위해 바르는 모기약과 뿌리는 모기약을 준비한다.

이런 식으로 기후적인 한계나 낚시 장소와 관련된 한계를 조금씩 극복해 나가는 것이다.

낚시를 다니면서 만나게 되는 상황이었지만, 뜻이 있고 하고자 하는 마음과 열정이 있다면 방법은 생기는 것이다.
 한계 상황은 어디에서든 만날 수 있지만 어떻게 해서든 극복하게 된다.

 한계는 없어지는 것이 아니라 극복하는 것이다.
 살아가면서 느끼는 근심이나 걱정도 마찬가지리라.

무어(無漁)

필자가 낚시할 때 사용할 호(별명)를 하나 만들어야겠다는 말을 했더니, 집사람이 다짜고짜 '무어'라고 했다. 낚시를 마치고 귀가할 때마다 매일같이 빈손으로 들어가니, 허탕만 치고 다닌다고 '꽝조사'라는 의미로 붙여준 것이다.

들고 보니, 어감도 나쁘지 않고 해서 그때부터 무어(無漁)라고 하게 되었다.

대신에, 「어」에 대한 한자는 「고기 어(魚)」가 아닌 「고기잡을 어(漁)」를 사용해서 '물고기가 없다, 빈손이다'라기보다는, 해석의 미를 발휘하여 '낚시는 하되 고기는 잡지 않는다'라는 약간의 고상한 뜻을 담기로 했다.

가끔씩 물고기에 대한 집착이 너무 강해서 "내가 물고기를 잡는 것이 아니고, 어쩌면 물고기에게 스스로가 사로잡힌 것이 아닌가?" 하는 생각이 들 때도 있었는데, 이런 욕심으로부터 조금은 해방되고 싶은 뜻도 있었다.

법정스님이 무소유를 '아무것도 소유하지 않는다'가 아닌 '가지고 있는 것에 대해 집착하지 않는다'라고 얘기했던 것처럼 말이다.

필자에겐 실제로 무어라는 호에 어울리는 9연패의 일화가 있다.

9연패….

낚시 시작한 지 얼마 되지 않은 2001년 후반~2002년 초반까지 2년에 걸친 9번의 1박2일 밤낚시 출조에서의 연속된 꽝. 공친 횟수가 두 자리 수를 넘길 뻔도 했었는데, 다행히 10번째 예당저수지 출조에서 연패를 탈출했다.

그렇다고 9연패를 계속 이어가는 동안 낚시했던 저수지마다 물고기 개체수가 적은 곳이 아니었다.

사람들이 보통 기우제를 지내면 비가 올 확률이 50% 정도라고 한다.

그런데 인디언들이 기우제를 지내면 비 올 확률이 95% 이상이라고 한다.

왜 그럴까? 어떤 이유에서 일까? 특별한 방법이라도 있는 걸까?

이유는 바로 인디언들은 비가 올 때까지 기우제를 지낸다는 것이다.

그렇다. 꽝조사를 탈출하는 방법은 별거 없다. 잡을 때까지 계속해서 낚시하러 다니는 것이다.

재미 혹은 열정

 낚시터에서 30~40년 이상의 조력을 가지신 분들을 자주 만나게 되는 것을 보면, 낚시는 참으로 오랫동안 지속 가능한 것이다.
 나이를 많이 먹어 백발이 성성한 노인이 되어서도 어렵지 않게 즐길 수 있는 취미가 낚시가 아닌가 싶다.
 그럼 이토록 오래하는 이유가 뭘까?

 취미생활이란 것이 처음엔 주위의 권유나 호기심으로 시작했다가 점차 그 재미와 참맛을 알아가면서 심취하게 되고, 보다 적극적으로 활동하게 된다.
 그러다가 어느 정도 경지에 올랐다는 자만감이나 반복된 행위에 대한 지루함, 또는 부상이나 체력적인 한계 등의 이유로 다른 취미를 찾기도 한다.

 낚시도 마찬가지다.
 물고기 낚는 재미로 시작했다가 슬슬 묘미를 알아가며 빠져들게 된다.
 어느 취미보다 오랫동안 지속할 수 있는 이유는 체력적인 부담이 적다는 것과 자연과의 교감에서 느껴지는 편안함이 있다는 것 그리고 무엇보다도 조과에 대한 변화무쌍한 의외성이 있다는 것이다.

하지만 늘 재미있고 편안한 것만도 아니다.
출조를 자주 하게 되면 다양한 극한상황(폭염, 추위, 비바람)을 만나기도 하고, 입질을 한 번도 보지 못하는 꽝을 종종 경험하기도 한다.
그래도 아랑곳하지 않고 다니는 걸 보면 단순한 재미 때문만은 아닌 것이다.
이런저런 악재 상황도 소중한 추억으로 승화시킬 수 있는 것이 바로 낚시에 대한 열정이 아닐까 싶다.
결국 이런 열정이 우리를 또다시 물가로 안내하는 것이다.
가끔은 그 열정이 너무 깊어진 탓에 빠져서 헤어나지 못하고 일상생활에 지장을 초래하는 경우가 발생하기도 하는데, 이 부분은 조금 경계해야 한다.

보통 1박 2일 낚시는 100~200㎞ 되는 먼 거리를 자동차로 달려와서 밤샘 낚시를 하고, 다음날 철수해서 달려왔던 거리만큼 운전해서 귀가한다.
다소 피곤해 보이는 여행처럼 보이지만 낚시에 대한 열정이 모든 것을 극복하게 해주며, 즐거웠던 시간의 아쉬움을 다음 출조의 기대감으로 채워준다.

 이처럼 낚시는 재미를 느끼면서 열정을 가지고 하는 것이라는 생각이 든다.

취미도 10년이면
철학을 읊는다

10년이면 강산도 변한다는 말이 있다.

실제로 10년 만에 다시 찾아간 저수지가 너무나도 많이 변해 있어서 격세지감을 느낀 적이 한두 번이 아니었다.

역시나 10년의 시간이라는 것은 참으로 대단한 것이다.

이러한 10년의 시간 동안 한 가지 분야의 취미나 운동, 학문을 꾸준히 한다면 해당 분야의 참 의미를 느끼는 것을 넘어서 철학이 생기게 된다.

"낚시가 뭐예요?"라는 질문에 처음에는 '물고기 잡으며 노는 것'이라는 대답을 할 텐데, 10년쯤 지나고 나면 훨씬 성숙한 답변이 나올 것이 틀림없다.

처음엔 흥미로 시작했다가 시간이 지날수록 기술이나 장비도 발전하고, 때론 집착이 너무 심해져서 한동안 멀리하기도 한다.

여러 차례의 변화와 진화를 거치면서 조금씩 삶의 일부분으로써 균형을 찾게 되고 해당 분야에 대한 일가견도 생기면서, 나름대로의 철학으로 자리 잡게 된다.

"1만 시간의 법칙"이라는 말이 있다.

어느 분야에서든 전문가가 되려면 1만 시간을 투자해야 한다는 얘기인데, 1년 365일 중에 주5일 근무하고 공휴일을 제외하면 대략 245일이 나온다.

산술적 계산으로 245일×8시간(하루평균근무시간)=1,960시간이 되고, 1년에 대략 2천 시간이라 간주하면 5년이면 1만 시간이 완성되는 셈이다.

이렇게 보면 회사에서도 5년 정도 해당 업무에 종사한다면 그 분야의 전문가가 된다는 계산이다.

그러니 한 분야에 대해 10년을 계속한다는 것은 상당한 수준의 고수가 된다는 것을 의미할 수 있다.

태권도도 대략 10년 정도 배우면 4~5단이 되어 충분히 사범 정도의 위치가 되니 말이다.

10년 이상 오랫동안 한 가지 취미를 해오면, 취미가 취미로 끝나지 않고 삶을 윤택하게 만드는 좋은 철학을 함양할 수 있는 길이 된다.

자신만의 개똥철학일 수도 있겠지만, 경지에 다다르면 거의 비슷비슷해진다는 느낌을 받는다.

어느 정도의 매너(에티켓)와 같은 기본적인 소양을 갖추는 것뿐만 아니라, 절제와 화합을 중시하고 최적의 방법을 추구하며 자연과의 상생과 삶의 깊이를 되짚어 보는 자세를 가지게 된다.

취미생활도 종류가 다양하여 각각 활동하는 장소나 사용하는 도구, 기술적인 부분 등이 제각기 다르겠지만, 궁극적으로 지향하는 바와 내면에 흐르는 가치는 서로 닮아 있다.

도(道)와 법(法)

도(道)라는 한자어를 분석해보면 '쉬엄쉬엄 갈 착(辶)'과 '머리 수(首)' 두 글자가 합쳐져서 만들어진 단어이다.

도(道)라는 단어에는 진행, 나아가거나 확산되어 가는 흐름의 우두머리, 즉 가장 높은 꼭대기에서 모든 흐름을 관장한다는 의미를 담고 있다.

동양철학의 핵심이며, 실생활에서의 생각과 행동의 도덕적인 가치 기준과 나아가 심오한 우주적 질서를 담고 있는 말이다.

그리고 법(法) 란 한자어는 '물 수(氵=水)'와 '갈 거(去)' 두 글자로 이루어진 단어다.

법(法)이라는 단어에는 물이 흐르듯이 자연의 이치와 순리에 맞추어 나아간다는 의미를 내포하고 있다.

높은 곳에서 낮은 곳으로 흐르면서 이곳저곳 두루두루 편익을 제공하여 생태계의 원활한 순환을 만들어 낸다.

반면에 돈은 아래에서 위로 흘러 들어간다고 하는데, 이런 자연의 순리에 역행하는 흐름으로 인해 마찰이 빚어지고 이런저런 사회적 문제를 초래하는 것이 아닐까?

 낚시하면서 물을 접하는 시간이 많다 보니 이런 생각이 들었는데, 인생도 욕심내거나 무리하지 않고 순리대로 물 흐르듯이 살아가는 것이 바람직하지 않나 싶다.

낚시 중심엔 사람이 있다

"빨리 가려면 혼자 가고 멀리 가려면 함께 가라"는 말처럼, 취미 생활도 혼자 하면 지루함이나 권태감이 빨리 찾아와 오래하지 못하고 도중에 그만두게 된다.

혼자 규칙적으로 지속해서 한다는 것은 웬만한 근성 아니고서는 여간 어려운 일이 아니기 때문이다.

피트니스센터에서 하는 유산소 운동이나 웨이트 트레이닝 등이 대부분 혼자와의 싸움이어서 오랫동안 꾸준히 지속하기 힘들다는 단점이 있어서, 이를 보완하고자 GX(Group Exercise), 크로스핏(CrossFit) 등의 단체 운동이 탄생하게 된 것도 이런 이유에서다.

아무리 힘겨워도 동료들과 함께하고 있으면 어떡해서든지 따라가기 마련이다.

그래서 동료(친구)가 필요한 것이다. 특히나 마음이 잘 맞고 뜻이 잘 통하는 동료라면 금상첨화다.

낚시에서도 마찬가지다.

약속했던 낚시 장소에서 기다리고 있을 동료를 생각하며 폭우나 무더위 때론 강추위 등의 궂은 날씨에도 아랑곳하지 않고 먼

길을 달려가서 함께하는 것도 비슷한 맥락이라고 볼 수 있다.

동료에 대한 약속과 믿음, 그리고 함께하면 즐거운 낚시가 되리라는 기대감과 설렘이 귀찮음이나 각종 핑곗거리를 박차고 일어나게 만드는 원동력이 된다.

실제로도 나란히 앉아서, 도란도란 얘기 나누면서 낚시하는 재미가 쏠쏠하다.

어쩌면 오랜 세월 동안 낚시를 즐기며 계속해서 다닐 수 있었던 이유도 옆자리에 동료가 항상 있었기 때문인 것 같다.

이처럼 낚시 그 중심에는 사람이 있는 것이다.

자연과 사람과의 관계, 사람과 사람과의 관계 속에서 건전하고 올바른 관계 형성을 통해 기쁨을 나누고 재미를 극대화하는 것이다.

낚시는 결국 사람이 하는 것이며, 이런 취미활동 속에서 인간미를 회복하고 관계의 소중함을 되새기는 것이다.

낯선 사람이라 하더라도 같은 취미를 하는 사람에 대한 기본적인 예의를 지키면서 배려하는 마음과 함께 먼발치에서 응원해 주는 미덕이 필요하다.

큰 물고기를 걸어서 어찌할 바를 모르고 있는 조사에게 뜰채를 들고 달려가서 도와주거나 2~3개의 낚싯대 원줄이 얽히고설켜서 곤란해하고 있는 분들에게 다가가서 꼬인 원줄을 푸는 동안 낚싯대를 들어주는 등의 작은 선행 말이다.

자신만의 퀘렌시아

퀘렌시아(Querencia)는 스페인어로 안식처를 뜻하는 말로, 투우 경기에서 황소가 잠시나마 상처나 위협에서 벗어나 정신적·신체적으로 안전하게 기운을 회복할 수 있도록 투우장 한편에 마련된 장소를 말한다.

이곳저곳 낚시를 다니면서 입질 한 번 못 보고 연속해서 꽝을 치게 되면 대상어의 입질과 손맛이 몹시 그리워지게 된다.

이럴 때 찾아가서 그동안 쌓인 그리움과 아쉬움을 해소할 수 있는 곳.

누구한테도 오픈하지 말고, 정말 좋은 지인이나 조우와 함께하며, 타인의 간섭도 없이 진정으로 편히 휴식을 취하면서 대상어를 만날 수 있는 곳을 하나쯤은 만들어 두자.

어쩌면 낚시하는 것 자체가 힐링이고 낚시 장소가 퀘렌시아일 수도 있지만…

자신만의 퀘렌시아는 생활 속의 스트레스와 피로를 풀며 정서적 안정과 휴식을 취할 수 있는 삶의 안식처이자 피난처인 것이다. 이를 통해, 다시 회복되고 충전되어 다시금 일상으로 돌아와 서는 열정적으로 삶을 이어가는 것이다.

긴 인생을 마라톤에 자주 비유하곤 하는데, 사실상 마라톤처럼 시작부터 골인 지점까지 쉼 없이 계속 달리는 것은 아닌 것 같다.
인생이라는 마라톤은 짧은 단거리 경주를 계속해서 이어 달리는 것이다.
물론 단거리 경주들 사이사이에 적당한 휴식과 회복을 해가면서 말이다.

여러분들은도 자신만의 퀘렌시아 하나 쯤은 있으신가요지 궁금하다.?

자연과 후손을 생각하는 낚시

이곳저곳 낚시터를 다니다 보면 연세가 많은 어르신들이 수십 년 전 물고기가 많던 시절을 회고하며 한탄하시는 모습을 가끔씩 보게 된다.

"예전에는 낚싯대도 없어 긴 막대기에 수수깡이나 갈대를 찌처럼 달아서 던지면 손바닥 만한 물고기들이 엄청 나왔었다"는 것이다.

지금은 그 시절에 비해 낚싯대뿐만 아니라 관련 장비들도 엄청나게 좋아지고, 낚시기술(조법)도 어마어마하게 발전했는 데 반해서 조과는 훨씬 떨어지고 있다.

결국 물고기 개체수가 예전에 비해 현저히 줄었다는 얘기다.

이런 추세로 간다면 향후 몇십 년 후에는 물고기 씨가 말라서 낚시라는 취미의 존립 여부도 장담할 수 없게 될지도 모른다.

현재를 살아가는 낚시인들은 재미있는 취미로써의 낚시를 자자손손 후손들에게 물려줘야 하는 책임감과 사명감을 느낄 필요가 있는 것이다.

삶의 안식처이자 소금과도 같은 낚시를 우리 세대만 즐기고 만다는 것은 너무도 이기적인 것이 아닌가?

우선 쓰레기에 대한 몸살로 인한 낚시금지 구역(남양만, 장성호, 평택호 등)이 확대되고 있는 것도 안타까운 일이며, 수질오염이나 외래어종의 증가로 수중 생태계가 파괴되어 가고 있는 것도 통탄할 노릇이다.

삶에 휴식이 되고 즐거운 재미를 선사하는 낚시를 후손에게 물려줄 수 있도록 노력해야 할 의무가 있는 것이다.
권리에는 책임이 따르듯이 무분별하게 즐기는 것만 추구하지 말고 자연환경에 대한 의식 있는 자세로 향락 질서를 지키는 취미생활이 되도록 노력해야 할 것이다.

"아니온 듯 가시옵소서"처럼 최소한 자신이 가져온 쓰레기만큼은 스스로 되가져가는 습관과 수중생태계 보존을 위해 유해 어종은 처분하고 어린 물고기들은 방생하는 적극적인 자세가 필요하다.

'자연과 함께하는 낚시'라는 말이 무색하지 않도록 관심과 실천이 필요하다.

에피소드

낚시 다니면서 필자가 실제 필드에서 경험했던 독특한 경험을 있는 그대로 수필 형식으로 기록하였다.

두 번 다시 만나지 못할 경험담으로 낚시하면서 겪었던 별난 사연들을 소개하는 장이다.

안개 속 대금 선율

충북 진천에 위치한 맹동저수지에서 있었던 가을 무렵 일이다.
맹동저수지는 모양이 참 특이하다.
불가사리 촉수처럼 골짜기들이 들쑥날쑥하게 무수히 형성되어 있고, 골짜기들의 거리도 상당하여 눈앞에 보이는 곳까지 자동차를 이용하여 진입하는 시간이 30분 가까이 소요되기도 한다.
국내에서 이런 모양의 저수지는 맹동지가 유일하며, 참으로 독특한 모양을 가진 저수지다. 가보지 못하신 분들에게는 한 번쯤 방문을 추천해 드리고 싶다.

워낙에 구불구불한 산중턱의 비포장 외길을 달려가야 하기도 하고, 거리 자체도 꽤 멀어서 원하는 곳에 진입하는 데에는 시간이 한참 걸린다.
이런 탓에 가끔은 1인당 5천 원의 뱃삯을 내고 원하는 위치로 배를 타고 이동하기도 한다.
배를 이용하게 되면 자동차로는 진입이 아예 불가능한 저수지 건너편의 포인트에도 갈 수가 있었다.
건너편 포인트에 진입하게 되면 다른 낚시 일행들의 방해를 받지 않고 우리 일행들끼리 호젓하고 여유롭게 낚시할 수 있어서 가끔씩 이용하곤 했다.

이날도 맹동지 선착장에서 일행들과 배를 타고 저수지 건너편에 있는 '우씨박골'이라는 포인트에 진입해서 낚시를 했다.

낚싯대 펴고 밤낚시를 하고 있는데, 밤 12시쯤 되었을까….
저수지 먼 곳에서 고요한 심야의 정적을 깨뜨리는 대금 소리가 들려온다.
처음에는 피곤해서 헛것을 들었나 싶었는데, 계속해서 들려오는 것이 분명히 건너편에서 누군가 대금을 연주하는 것이었다.
그런데 연주하는 가락이나 운율이 제법 수준급이며 멋진 곡조를 계속해서 뽑아내는 것이 아닌가!

멀리서 들리는 대금 연주와 조금씩 피어올라 저수지를 메우고 있는 물안개가 어우러져 몽환적인 분위기를 연출한다.
"와~" 하는 탄성이 절로 나왔다.
흐르는 구름에 반달이 숨었다가 나왔다가 하고, 물안개 자욱한 저수지의 풍광이 이런 달빛에 은은하게 투영될 때, 멀리서 들려오는 멋진 대금 가락이 어우러져 마치 천상에 온 듯한 느낌을 주었다.
대금 연주는 30분 정도 이어졌고, 그동안만큼은 현재가 21세기가 아닌 중세 조선시대에 와있는 듯한 착각을 불러 일으켰다.

대금 연주가 끝나니 다시 정막이 이어졌다.

가까이 있으면 찾아가서 만나보고 싶었는데, 멀리 저수지 건너편에 계셔서 어쩔 수 없는 것이 못내 아쉬웠다.

낚시하면서 이런 경험은 처음이었고, 아직까지도 없었다.

그때 조선시대에 온 듯한 풍류를 느끼게 해주었던 그분에게 감사드린다.

물안개 어우러진 달빛 풍경의 아름다움과 이를 포근하게 감싸던 대금 선율의 감동을 지금도 잊지 못한다.

혹시나 사람이 아닌 신선이 내려와서 연주하고 홀연히 사라지신 것이라면…

떡밥 xx 해봤어?

    춘천댐, 소양감댐 등에는 합법적으로 어업허가권을 받아서 정치망 그물을 이용해 어업을 생업으로 하시는 분들이 있다.

    댐이 조성되어 엄청나게 넓은 지형이 물에 잠기어 큰 호수로 변했으며, 간혹 높은 지형들이 마치 섬처럼 군데군데 물 위로 드러나 있기도 하다.

    이렇듯 배가 아니면 접근할 수 없는 섬 포인트들이 자연적으로 형성되어, 누구의 손도 타지 않은 깨끗한 미지의 세계로 낚시인을 자극하기에 충분한 것이었다.

    결국 어부들에게 얘기해서 어느 정도의 뱃삯을 주고 이런 포인트에 진입하는 낚시인들이 종종 있었다.

    배를 태워서 원하는 섬 포인트에 내려주고, 낚시꾼이 철수하기로 약속한 날짜(1~2일 후)에 데리러 와서 철수시켜 주곤 했다.

    그때 당시(80년대)는 휴대 전화가 없던 시기여서 서로 구두로 약속한 것이 전부였고, 그래서 상호신뢰가 절대적인 것이었다.

    대부분 아무 탈 없이 약속한 시간에 맞춰서 데리러 오고는 했다.

    이렇게 배로 건네준 섬 포인트도 여러 곳이고, 손님도 많아서 그랬는지, 뱃사공이 한 낚시꾼을 깜빡한 것이다.

며칠이 지나, 다른 낚시 일행들을 태우고 이쪽저쪽 섬 포인트에 내려주다가 갑자기 깜빡 잊고 있던 그 낚시꾼 한 명이 생각이 나서 부랴부랴 데리러 갔더란다.

그 낚시꾼이 뱃사공을 보자마자 쌍욕을 하시면서 하는 말이…

"너… 떡밥 먹어 봤어~?"

그분은 가지고간 식량도 다 떨어져서, 결국 물고기 미끼로 사용하려고 준비해 갔던 떡밥을 먹으며 연명했던 것이다.

이 일화는 직접 경험한 것은 아니고, 그 당시 다른 쪽 섬 포인트에 진입하려고 그 배에 타고 계셨던 노조사님이 해주신 이야기다.

댐과 인공호수 이름과 관련된 상식을 덧붙여 얘기하고자 한다. 댐이 건설되어 생긴 대부분의 인공호수 이름은 해당 댐 이름을 그대로 인용한다.

예) 춘천댐 → 춘천호, 의암댐 → 의암호, 충주댐 → 충주호, 대청댐 → 대청호

그런데 유독 화천댐 → 파로호라고 부른다.

그 유래는 6.25 전쟁 당시, 화천 지구 전투에서 북한군 및 중국

인민지원군 수만 명을 격퇴하고 수장시킨 곳이라 하여, 당시 이승만 대통령이 이를 기념하기 위하여 파로호(破虜[파로]: 오랑캐 격퇴)라는 이름을 특별히 지어주었다고 한다.

잉어 맛에 늘 함께하는 부부

일요일에 숙직 근무하고 월요일 휴무하게 되어서, 강화도 초지대교 근처의 장흥저수지로 낚시를 갔다.

월요일이다 보니 낚시하는 사람이 거의 안 보였고, 주차하기 편해 보이는 하류 쪽에 차를 세우고 낚시 자리를 둘러보려고 물가으로 내려가 보았다.

50세 정도로 보이는 중년 부부가 함께 와 있었고, 앞에는 릴낚싯대 2대가 펼쳐져 있었으며, 릴낚싯대마다 어신 파악을 위한 작은 방울이 달려 있었다.

인사드리고 저수지나 조황 상태 등을 물어보는데, 커피를 한잔 타주셔서 이런저런 얘기를 조금 더 나누었다.

부부가 같이 다니는 모습은 낚시터에서 거의 보기 드문데, 원래부터 두 분이 같이 다니시느냐고 물었더니….

원래는 아저씨 혼자 낚시 일행들과 다니셨는데, 어느 날 아주머니가 동행했던 경기도 발안에 있는 저수지에서 큰 잉어 한 마리를 낚았단다.

요리할 재료도 없고 도구도 마땅치 않아서 알루미늄 호일에 감싸서 숯불을 피워 구워 먹었다고 했는데, 그 맛이 그렇게 일품이었단다.

아주머니는 그때의 잉어구이 맛에 반하고 또 못 잊어서, 그날 이후로 아저씨 낚시할 때마다 늘 따라오신다고 하셨다.

담소도 좀 나누었기에, 그분들 근처에서 낚싯대를 펴고 낚시를 시작했다.

오후 1시경부터 낚시를 시작했는데 별다른 입질이 없다.

2시간쯤 지났을 즈음에 아저씨가 설치해 놓은 릴낚싯대가 방울 소리를 낸다.

그 소리에 눈을 돌려보니, 물가에 수직으로 꽂아서 세워놓은 릴낚싯대가 수면으로 90도 정도로 크게 휘청인다. 우왓!

두 번 휘청이고, 세번째로 낚싯대 끝이 수면에 닿을 듯이 크게 휘어지더니만 그만 릴낚싯대를 땅에 꽂아 고정해 놓은 팩이 빠져버린다.

아저씨가 뒤늦게 보고 달려와서 물가로 떨어진 낚싯대를 붙잡아서 들어봤지만 고기는 달아나고 난 뒤였다.

아저씨뿐만 아니라 아주머니도 무척 아쉬운 표정이다.

나 역시도 그런 광경은 처음 보는 터라 잠시 멍~한 상태였다.

'정말 대물이었나 본데…'

아주머니가 오늘도 맛난 잉어구이를 맛볼 수 있었는데 안타까웠다.

해 질 무렵이 되어 다음 날 출근을 위해 그분들과 작별인사를 하고 철수했다.

이유가 어떻든 간에 나이 든 중년 부부가 같이 낚시 다니는 모습이 그렇게 정다워 보일 수가 없었다.

물고기는 5천 원짜리 먹고

　오래전(20년 전) 조치원에 위치한 고복저수지에서 있었던 일이다.
　저수지도 크고 계곡형이어서 경치도 좋고 물도 깨끗하고, 게다가 무료 터에 물고기도 그럭저럭 잘 나왔다.
　귀엽고 작은 붕어들이 찌를 이쁘게 올려주곤 해서 자주 찾는 곳이었다.
　언젠가부터 배스가 나온다는 소식이 들리고, 그로부터 몇 년 지나니 작은 씨알의 붕어들이 사라지고, 공치는 일이 많아졌다.

　낚시하는 사람들이 많아지니, 중국집 스티커가 곳곳에 붙어있었다.
　낚시하는 장소까지 짜장면을 배달해준다는 것이다.

　어느 날, 아침에 일찍 도착해서 낚싯대를 펴놓고 낚시하고 있었다.
　오전 12시경 되니, 조금 옆에 떨어져서 혼자 낚시하던 조사님이 짜장면을 배달시켜서 먹고 있었다.
　짜장면을 먹으면서 하시는 말이…:

왔다.

그런데, 버너(부르스타)를 안 가지고 온 모양인지, 차에도 갔다 오고 이리저리 분주한 모습을 보이더니, 결국 못 찾고 보온용으로 사용하는 야외용 난로를 사용하시기 시작했다.

앞쪽으로 열이 나오게 설계된 야외용 난로를 뒤집어서 열기 나오는 곳을 위로 향하게 하고, 넘어지지 않도록 돌로 고여 놓았다.

그리고는 그 위에 가져오신 커다란 양은 냄비를 올리고 물을 끓이기 시작했다.

와우~ 여태껏 야외용 보온 난로로 저렇게 라면 끓이는 모습은 처음 봤다.

'얼마나 시장하시고 라면이 드시고 싶으셨으면…' 하는 생각이 들었다.

버너와 달리 야외용 난로는 열기가 그렇게 강하지 않아서, 엄청 더디게 끓는다.

20분쯤 지났을까. 뚜껑을 열어보니 김이 올라오고 있었으며, 겨우겨우 끓어가고 있는 듯했다.

두 분의 노력이 얼마나 대단한지 자꾸 눈이 그쪽으로 쏠리게 된다.

라면을 가져와서 냄비에 넣으려고 봉지를 뜯고 계시던 순간, 퍼놓은 낚싯대의 입질을 보셨는지 한 분이 갑자기 달려가신다. 그러다가 그 냄비를 발로 건드려서 엎은 거다.

아뿔싸! 어떻게 끓인 물인데, 입질이 와서 서두르시는 바람에 냄비를 넘어뜨려 애써 끓인 물을 다 쏟았다.

결국, 물고기도 못 잡고 라면 물은 엎어지고.

두 분이서 이이없는 듯이 한동안 서로를 쳐다보셨다.

그러더니 결국 냄비와 라면을 챙겨서 차에 다시 갖다놓고 낚시만 하셨다.

얼마나 먹고 싶어서 노력했던 라면인데 결국 못 드셨다. 그리고는 1시간 정도 낚시하시더니 철수하셨다.

보는 내가 다 안타까웠다!

잡았어? 커?

오래전 서산시 잠홍저수지에서 있었던 일이다.

금요일부터 일요일까지 2박 3일 긴 일정을 잡고 서산 쪽으로 낚시를 떠났다.

금요일은 혼자서 서산 잠홍지에서 낚시하고, 토요일은 철수하면서 일행 2명과 합류하여 셋이서 함께 다른 저수지를 탐사하기로 했다.

금요일, 휴가 내고 서해안 고속도로를 달려서 서산 잠홍지에 도착했다.

역시나, 금요일이다 보니 사람이 거의 없었다.

마름과 부들이 저수지 전역에 걸쳐 빽빽하게 자라고 있는 평지형 저수지였다.

이런 저수지 환경 덕에 예전부터 가물치가 많다는 말은 들었었다.

중상류 쪽에 그나마 수초가 없는 곳을 찾아 낚시할 자리를 잡았는데, 그곳에서 대략 50미터 정도 떨어진 곳의 물가에 팔각정 비슷한 것이 있었다.

저수지 관리하시는 분이 입어료를 받으러 와서 5천 원을 드렸다.

오후가 되니 입어료 받으러 오셨던 관리인과 또 다른 한 분이 그 팔각정에서 낚싯대를 펴고 낚시하신다.

오호라, 저기가 저수지 관리인들이 낚시하는 곳이었구나!

여름이라 햇살도 따가워서 파라솔 펴고 있었는데, 정자에서 시원하게 낚시하는 모습이 너무나 부러워 보였다.

관리인 중에 한 분이 낚시하다가 관리소처럼 보이는 주택에 왔다 갔다 하시면서 꼭 한마디 말을 거셨다.

"잡았어?"

그럼 나는 "아니요" 이렇게 짧은 한마디의 대화만을 가끔씩 주고받았다.

또 어딘가 다녀오시면서 "잡았어?"

그땐 붕어 한 마리를 잡은 상태여서, "네" 했더니만,

"커?" 하고 되물으시는 것이었다.

그때 나는 "아니요" 그리고 짧은 대화는 끝.

다음 날 아침까지 대화는 그렇게 딱 두 단어로만 간간히 오고 갔다.

"잡았어?", "커?"

그런데 자꾸 듣다 보니 정거워졌다.

서로 방해되지 않을 만큼 짧고 간결한 대화가 싫지 않았고, 그냥 지나쳐가도 될 것을 꼭 한마디씩 물어보고 가시는 것에서 시

골 인심이 느껴지기도 했다.

　오랜 시간이 지난 일인데, 지금도 그분의 그 멘트가 가끔씩 생각난다.
　"잡았어?", "커?"

무섭지(池)의 도인

충북 보은군의 깊은 산중에 있는 계곡형 저수지에서의 일화이다.

원래 저수지 이름이 있겠지만 그곳에 낚시 갔던 조우들끼리 무섭지라고 부른다.

휴대폰도 터지지 않을 만큼 깊은 산속에 위치하고 주위의 울창한 산세로 밤이 되면 무서움이 느껴진다고 해서 지어진 별명이다.

저수지 상류 쪽으로 유입되는 계곡 물은 그냥 먹어도 될 정도로 깨끗하며, 저수지 자체도 사람의 손이 타지 않은 자연 그대로의 모습을 간직하고 있었다.

물 맑고 수심 깊고 경관도 아름다운 전형적인 계곡형 저수지.

그래서 1년에 한 번씩 더운 여름철에 휴양낚시 차원에서 찾는 곳이었다.

물론 도착할 때마다 우리 일행들 이외에는 아무도 없었다.

도착하면 텐트 치고 삼겹살 구워 먹으면서 조과(물고기)에 대한 욕심은 내려놓고 힐링하다 오는 그런 곳이었다.

그렇다고 물고기가 아예 없는 곳은 아니고, 손바닥보다 작은 조그마한 붕어들이 반겨주곤 했다.

언젠가는 그곳에 도착했더니, 저수지 상류의 계곡물 쪽에 가정집에서나 사용할 법한 큰 LPG 가스통과 버너, 냄비 등 부엌용 살림살이들이 정리되어 있었다.

'누군가 있나?'

낚싯대를 펼치고 있는데, 풀숲 오솔길로 누가 오는 소리가 들렸다.

시원한 대머리에 귀밑머리가 하얀색의 백발노인이셨는데, 생김새가 흡사 달마대사를 연상케 하는 모습이었다.

우리를 보더니 방긋 웃으시면서 "낚시하러 왔어?" 하신다.

"네, 저 그릇이나 집기들이 할아버지 건가 보네요. 얼마나 오래 계셨어요?"

그분은 한 달 정도 있으셨다고 하셨고, 우리처럼 낚시하러 오셨다고 하신다.

저수지 중류 쪽 움푹 들어가 있는 골짜기에 낚시 자리를 잡으셔서 나무와 풀에 가려서 보이지 않았던 것이다.

한 달 가까이 있으면서 사람 구경 처음 해본다며 굉장히 반가워하셨다.

이 깊은 산중에서 혼자서 한 달씩이나. 와~ 안 무서우셨을까나!

달마대사 같이 생기시기도 했지만, 늘 환하게 웃으시는 것이 왠지 모르게 도인 같은 풍모가 느껴졌다.

한 달이나 계셨으니 저수지 상황을 훤히 아실 것 같아서 이모저모 물어보았더니, 역시나 친절히 대답해 주신다.

사람이 그리우셨던 게다. 그동안 얘기할 상대도 없었고, 그래서인지 이렇게 대화하는 것 자체를 무척 즐거워하시는 것 같아 보였다.

그 할아버지 말에 의하면…

보통 때는 작은 붕어들이 낚이는데, 어느 날인가 비가 많이 내려 수위가 엄청 불어난 바로 그날 월척을 한 마리 낚으셨다는 거다.

'아~ 여기에도 월척이 있었구나!'

그렇게 담소를 조금 나누고 나서 저마다의 자리에 가서 낚시를 했다.

다음 날 철수할 때 할아버지한테 작별인사를 드렸는데, 무척이나 서운해 하셨다.

내년 여름에도 오실 거냐고 묻긴 했는데, 확답은 안 하시고 웃기만 하셨고, 사실 우리 일행도 다시 온다고 확실히 기약을 못 하는 지라.

건강히 잘 지내시라는 인사만 드리고 떠나왔다.

달마대사를 닮은 할아버지. 지금도 살아계시려나? 건강하셨으면 한다.

6칸대의 기인들

　장대(길이가 긴 낚싯대) 낚시터가 간혹 있어서, 이곳에 가보면 길이가 엄청나게 긴 낚싯대를 젓가락처럼 휘두르는 기인들을 만나게 된다.

　최근에는 낚싯대의 무게가 경량화되고 있어, 4칸(7.2미터)도 장대 축에는 못 들고 5칸(9미터) 이상은 되어야지 장대라는 소리를 듣는다.

　6칸(약 11미터) 가까운 낚싯대를 사용하시는 분들의 주위에 있어 보면, 캐스팅할 때나 챔질할 때의 소리가 기존 낚싯대로는 흉내도 못 낼 만큼 어마어마하다.

　게다가 낚싯대 손잡이대의 굵기가 무슨 야구방망이보다 더 굵다.

　장대 낚시터에 가보면 이렇게 엄청난 무기와도 같은 낚싯대를 그것도 여든 살 가까워 보이는 노조사께서 휘둘러 대고 계신다.

　그 모습을 보고 있노라면 멋스러움을 넘어 가히 숭고함까지 느껴지게 한다.

　흔히 말하는 카리스마가 장난이 아니다.

　긴 낚싯대를 휘둘러서 원하는 목표 지점에 정확히 안착시키고, 기다리는 모습에서 조사님의 오랜 조력을 가히 짐작할 수 있다.

장대 한 대 펼쳐놓으시고 세월을 낚는 듯한 노조사님의 모습이 노을 지는 석양빛과 조화를 이루면서 한 폭의 그림이 된다.

여담이지만, 그 노조사의 모습에 반해서 필자도 6칸 대를 준비했다. 그런데 장대낚시는 긴 낚싯대만 있다고 되는 것이 아니었다. 기존의 앞 받침대로는 그 낚싯대의 길이와 무게를 버틸 수가 없었다.

그래서 5미터 가량 되는 앞 받침대를 구입했지만 문제는 이것뿐만이 아니었다. 낚싯대와 앞 받침대를 합친 무게를 버티는 강력한 받침틀이 필요했다.

갈수록 태산이다.

기존 받침틀에 설치해 보니 무게를 이기지 못해서 받침틀이 앞으로 넘어진다.

결국 캠핑용 30㎝ 강철팩을 사서 땅에 깊이 박아서 받침틀을 고정시키니 그나마 버틴다.

강철팩을 깊이 땅에 박기 위해서는 망치가 필수적이어서, 생각지도 않은 망치를 들고 다니게 된다.

긴 낚싯대를 휘둘러서 캐스팅해야 하는데, 이 또한 익숙지 않아서 낚시봉돌을 걸어서 던지는 쏠채라는 장비를 따로 구입했다.

장대 낚싯대 하나를 운영해보려고 쓴 돈만도 꽤 된다.

낚싯대 자체도 비싸지만, 이것저것 구입한 것들의 비용이 50만 원이 넘는다.

그리고, 실제로 장대를 들고 현장에서 사용해 보니, 여간 힘든 것이 아니다.

'하다 보면 익숙해지겠지…….' 하는 바램람으로 연습 중인데, 예전에 봤던 그 노인 어르신은 지금 생각하니 참~~ 대단하셨던 거 같다.

오래전(70~80년대)에는 물가에 펼쳐 놓은 낚싯대가 개수가 3개 이상이면 다대 편성, 낚싯대 길이가 3칸 이상이면 장대라고 얘기했다고 한다.

그때 당시는 낚싯대의 소재가 글라스였으며, 질기고 튼튼하기는 했지만, 무게가 상당히 무거웠다고 한다.

최근 들어서 옛사람들의 감회를 몸소 느껴보고 싶어서, 글라스 낚싯대를 수집하여 사용해보고 있는데 역시나 무겁다.

낚싯대에 대한 듬직한 믿음은 요새 카본 낚싯대보다 한 수 위이긴 한데, 너무 두껍고 무겁다.

2칸짜리 글라스 낚싯대의 바톤대(손잡이대) 굵기가 최근에 나오는 3.2칸보다 굵고, 3칸짜리 글라스 낚싯대는 거의 5칸대 이상의 굵기와 맞먹는다.

무게는 역시나 말할 것도 없다.

이래서 "3칸대 이상은 장대라고 했구나!"하고 느껴진다.

잉어 탈출 소동

　11월 초, 예산의 예당저수지 좌대에서 동료 다섯 명과 낚시했을 때의 일이다.

　때는 바야흐로 완연한 늦가을에 접어들어 단풍과 낙엽이 어우러진 주위 경관과 파란 하늘이 무척이나 인상적이었다.

　하지만 기온도 낮고 수온도 차가운 저수온기의 전형적인 특징처럼 입질이 드물었고, 입질한다고 해도 굉장히 미약한 입질을 보여주곤 했다.

　어둠이 내리니 추위가 기승을 부려서 밤낚시를 대비한 방한용 두꺼운 옷으로 무장을 단단히 하고, 5명 모두 미끼(떡밥)를 열심히 갈아주고 있었다.

　모두들 별다른 입질 없이 조용히 찌를 응시하고 있었는데, 갑자기 동료 하나가 고요한 침묵을 깨뜨리며 "뜰채~" 하고 외치는 것이 아닌가?

　옆에 가보니 엄청나게 큰 녀석인 것 같았다.

　낚싯대를 꽉 붙잡고 어떻게든 제압해 보려고 노력하는 동료의 컨트롤에도 아랑곳하지 않고 이리저리 왔다갔다 하면서 강한 저항의 몸부림을 치고 있었다.

거의 물고기에 끌려다니다시피 하면서 5분 정도 실랑이 끝에 수면에 모습을 드러내는데….

"우와!" 소리가 절로 나올 정도의 대물 잉어였다.

살살 달래가며 뜰채에 담으려고 하는데 너무 커서 들어가지를 않는다.

할 수 없이 3명이 달라붙어서 일단 뜰채에 잉어 머리만 넣고 나머지 사람들이 수건을 이용해서 몸통과 꼬리를 잡아서 건져냈다.

조용했던 좌대가 갑자기 아수라장이 된 것이다.

끌어내서 좌대 위에 올려놓고 몸부림치지 못하게 두 명이서 손으로 눌러가며 가까스로 사이즈를 재어보는데, 80㎝에 가까운 잉어였다.

이렇게 큰 잉어는 처음 보는지라 모두들 놀라움을 금치 못했다.

5단 살림망을 펴서 잉어를 넣어 담가놓고, 내일 아침에 꺼내서 다 같이 기념사진 찍고 놓아주기로 했다.

혹시나 도망치지 않을까 싶어서 살림망 입구를 두어 번 꼬아서 걸어두었다.

그리고, 새벽 1~2시경에 모두들 눈을 좀 붙이고 이른 아침에 일어나서 살림망을 살펴보니, 잉어가 감쪽같이 없어져 있었다.

'앗~ 이럴수가!' 그렇잖아도 살림망 입구를 꼬아두었는데, 그걸 헤치고 달아난 것이다.

어이가 없었다. 역시 대물잉어들은 영물이라 그런지, 그런 삼엄한 봉쇄를 뚫고 탈출하다니….

이런 일을 실제로 겪으니, 전문 잉어꾼들은 살림망 대신에 '넥타이를 맨다'고 예전에 들었던 말이 갑자기 떠올랐다.
잉어의 입에 줄을 넣어 아가미 쪽으로 꺼내서 묶은 후 말뚝에 매어놓는데, 이런 것을 '넥타이 맨다'고 표현했던 것 같다.
역시 그분들이 그렇게 하는 이유가 있었구나!
이번처럼 감쪽같이 사라진 잉어를 경험하고 나니 뒤늦게나마 이해가 됐다.

아침에 멋진 기념사진 찍을 것을 예상했었는데, 모두가 못내 아쉬워했다.
사진에는 비록 안 남아있지만, 그때의 대물잉어로 인해 적막을 깨운 큰 소동만큼은 기억 속에 오래 남아있다.

400만 원짜리 붕어

결혼하고 한 달이 조금 지나서의 일이다.

동료 두 명과 함께 충북 진천에 있는 성대저수지를 찾았다.

토요일 밤낚시를 했는데 입질을 하나도 못 봐서, 낚시 자리 선택의 문제라는 생각이 들었다. 일요일 아침에 저수지 반대쪽으로 자리를 옮겨보기로 했다.

밤샘 피곤함에 의자에서 살짝 졸면서 낚시를 했지만 여전히 입질은 없다.

오후 3시쯤 돼서 철수하려고 하는데, 너무도 아쉬워서 중상류 쪽의 수몰나무 많은 곳에서 딱 1시간만 더 해보기로 했다.

지금 생각해보면 그때는 낚시 초보시절로 젊고, 의욕이 앞서며 욕심이 과했던 시기였던 것 같다.

낚싯대 한 대씩만 펴고 떡밥을 달아 던졌는데, 채 10분이 안 돼서 찌가 올라온다.

챔질을 해보니 묵직하다. 오호라~

끌어내보니 7인치쯤 되 보이는 예쁜 체형의 토종 붕어였다.

얼마나 반가웠는지, 기쁨의 담배를 한 대 피우려 했는데, 일행 3명 중 누구도 남아있는 담배가 없는 거다.

예상치 못한 오랜 시간의 낚시로 모두 다 담배가 소진된 상황이었다.

그때 당시 내가 타고 다니던 차가 투스카니(현대에서 나온 스포츠카)였다.

"젊어서는 돈이 없어 못 타고, 늙어서는 열정이 없어 못 탄다"라는 스포츠카의 비애라는 말을 어디선가 듣고 나서, 더 늙기 전에 스포츠카 한번 몰아보고 싶어서 30대 중반의 늦은 나이에 구입했었다.

투스카니가 차체도 낮고, 문짝도 2개밖에 안 되고, 트렁크도 작아서 낚시용으로 불편하지 않느냐고 사람들이 묻긴 했었다.

그때마다 필자는 "어딘가 물고기가 잘 나온다는 소문이 들리면 어느 누구보다도 빨리 도착할 수 있다"고 재치 있게 받아주곤 했었다.

동료들에게 후딱 담배를 사가지고 온다는 말을 남기고 차에 올라 어디 있는지 모를 담배 가게를 향해 달려갔다.

빨리 다녀와서 붕어를 또 잡아야 한다는 일념에 사로 잡혀서 마음도 조급해지고 행동도 서두르게 되면서 나도 모르게 엑셀을 밟은 발에 힘이 들어갔다.

시골길의 90도 코너를 고속으로 돌아 나가다가 차체가 미끄러져 도로 밖으로 나가고, 그 순간 차가 중심을 잃고 출렁거리기 시작했다.

놀라서 급브레이크를 밟았지만 속도에 못 이겨 차가 빙그르르 180도를 돌아서 계속 슬라이딩으로 미끄러지면서 도로 옆 고랑에 빠져 전복되고 말았다.

뒤집어진 차의 운전석 문을 열고 나와서 보니 현실은 참담했다.

차가 뒤집어진 채로 고랑에 빠져서 네 바퀴가 하늘을 보고 있는 모습이란….

불행 중 다행인지, 벨트를 매고 있어서 몸은 다친 곳 하나 없이 멀쩡했다.

낚시하던 일행들에게 전화해서 사고 소식을 전하니 화들짝 놀라며 둘이서 차를 타고 사고 현장으로 한달음에 달려왔다.

보험회사의 견인차가 도착해서 우선 뒤집어진 차를 올바로 세우고 나서, 견인한 후에 나를 조수석에 태우고 정비공장으로 향했다.

차는 보름쯤 후에 수리가 끝나서 나왔고 수리비가 무려 400만 원이나 나왔다.

보험처리해서 금전적인 손해는 덜했지만 나와 와이프, 낚시 일행들이 그때 당시 놀랐던 것을 생각하면 지금도 아찔하다.

편도 1차로의 좁은 시골길이었으니 그때 당시 반대편 차선에 차가 있었으면 자칫 대형사고로 이어질 뻔도 했으니 말이다.

오랜 세월이 지난 지금, 그때 당시 함께했었던 조우들하고 만나면 우스갯소리로 말한다.

그때의 그 7인치 붕어가 400만 원짜리였다고…

그렇게 비싼 붕어를 잡은 사람은 내가 처음이고 앞으로도 없을 거라고!

새를 좇는 사진작가

경기도 광명의 애기능저수지 뒷쪽의 작은 소류지에서 근처 사시는 지인과 둘이서 낮낚시를 즐기고 있었다.

이 저수지는 소류지라고 하기에는 너무나 작고 아담한 크기의 둠벙(물웅덩이) 형태였으며 부들이나 마름, 기타 수초들이 빼곡하게 자라고 있었고, 저수지 중간중간에는 까만색의 물새들이 노닐고 있었다.

낚시하다가 주위를 둘러보니 큰 나무그늘 아래에 군인들이 사용할 법한 위장막이 펼쳐져 있었고, 위장막 끝에는 박격포 포신처럼 생긴 것이 저수지 쪽을 향해 불쑥 앞으로 나와 있었다.

'군인들이 훈련 나왔나?' 하는 생각이 들었지만, 무심코 본 광경이라 대수롭지 않게 생각하고 낚시에 집중하고 있었다.

낚시한 지 2시간쯤 지났을까, 누군가 우리 뒤쪽에 와서 말을 건넨다.

"여기 물고기도 좀 있나 봐요?"

"글쎄요…. 저희도 오늘 처음 와서 잘 모르겠고요, 요근처 살아서 탐사 겸해서 짬낚시 왔어요. 그런데 아직까지 입질은 없네요."

얘기하다 보니 위장막 치고 훈련하던 군인은 사라지고 없었다.

"좀 전엔 저쪽에 군인도 와서 위장막치고 훈련하는 듯 하더라구요" 했더니 그 위장막의 주인공이 본인이었다고 한다.

"아~ 그러세요? 하하하."

위장막 치고 뭐 하셨냐고 물었더니, 본인은 아마추어 사진작가로 주로 새를 찍으러 다니신다고 했다.

지금 이 저수지 중간에서 왔다갔다 하는 새들이 만나기 힘든 조류 중의 하나인 '쇠물닭'이라고 했으며, 저수지에서 놀고 있는 쇠물닭을 찍으려고 위장막을 치고 은폐·엄폐해서 촬영했다고 한다.

희귀한 새들이 출몰했다는 소식을 들으면, 사진에 담기 위해 전국팔도를 돌아다니신다고 했다.

그런데 새들은 사람의 인기척을 느끼면 금세 달아나 버리기 때문에 반드시 위장막에 숨어서 멀찌감치 떨어져서 찍어야 한다는 것이다.

따라서 성능이 좋은 망원렌즈가 필수이고 움직이는 동적인 모습을 생동감 있게 찍기 위해서는 카메라 성능도 좋아야 한다고 했다.

그러면서 나보고는 혹시나 사진을 취미로 하려거든 정적인 풍경이나 인물 사진을 하지, 절대 새를 찍는 것은 하지 말라고 당부했다.

이유를 들어보니 고성능 카메라에 고성능 망원렌즈 등 장비 구입 비용이 너무 많이 든다는 것이다.

좀 전에 박격포 포신처럼 보인 것이 캐논에서 판매하는 제품 중에서 제일 크고 성능 좋은 망원렌즈라고 하셨고, 일명 '대포'라고 부른다고 했다.

딱따구리 찍으려고 산에 숨어 있다가 무장공비로 신고당한 일이나 후투티 찍으러 부산으로 내려가시는 도중에 카메라의 메모리카드를 집에 놓고 온 것이 생각나서 천안쯤에서 차를 돌려서 다시 집에 왔다 가신 일 등등.

이것저것 사진 찍으러 다니면서 있었던 재미난 애기들을 해주셨다.

그 사진작가 아저씨는 군 생활도 북파공작원 생활을 하셨다고 했고, 지금은 수족관 재료들을 판매하는 직업을 가지고 있으며, 새를 찍는 것은 단순히 취미라고 했다.

북파공작원이면 굉장히 거칠고 험한 훈련을 많이 하셨을 텐데, 그에 반해 귀엽고 오밀조밀한 수족관 재료를 파는 직업을 갖고 계셨다. 그렇다면 취미도 물고기 관련된 것이 훨씬 어울릴 것 같은데 오히려 날아다니는 새를 사진에 담고 계시고···.

아무튼 서로 굉장히 안 어울리는 듯한 조합을 가지고 계신 특이한 분이셨다.

30분가량 애기 나누다가 헤어졌는데, 그동안 낚시하면서 만난 사람 중에 제일 특이하고 재미난 분이셨다.

이분은 지금도 어디선가 위장막에 숨어서 새를 찍고 계시겠지!

비수구미

회사 낚시동호회의 회원 중에 파로호 매니아가 한 분 계셨다.

그분이 젊었을 때, 대학입시에 떨어지고 나서 상처받은 마음을 달래기 위해 무작정 낚시가방 둘러메고 버스에 올라 파로호를 찾으셨다고 했다.

그것을 계기로 파로호와 인연을 맺으셔서 지금까지도 가끔씩 찾는다고 하셨다.

그분이 어느 날 비수구미로 낚시를 같이 가자고 하셨다.

이름도 생소한지라 어디에 있는 곳이냐고 물었더니, 파로호 최상류 지역이고 평화의댐 아래쪽이라고 하셨다.

그 얘기를 듣고 비수구미를 인터넷에서 찾아보니 '신비로운 물이 빚어내는 아홉 가지의 아름다움이 숨쉬는 계곡(泌水九美)'이라는 뜻을 가진 지명이었으며 등산하시는 분들에게는 트레킹 코스로도 굉장히 유명한 곳이었다.

'얼마나 깊은 오지에 위치한 곳이기에 그럴까?' 하는 기대감이 들었다.

그분 승용차 한 대로 세 명이 같이 타고 이동했는데 의암호 지나고 춘천호를 지나서도 한참을 더 달려갔다.

서울을 벗어나고도 3시간 정도를 달려왔으니, 진짜 멀기는 멀었다.

도착했다고 해서 내려보니 주변에 집도 하나도 없고 물과 산밖에는 보이지 않았다. 진입로처럼 보이는 시멘트 포장된 도로도 물에 잠겨있어 더 이상의 진입이 불가한 그런 곳이었다.

'아! 이 근처에서 낚시하는가 보다' 하는 생각이 들었는데, 비수구미를 제안하신 그 분이 어디엔가 전화를 하시더니, 우리를 낚시장소까지 태워줄 배가 올 것이니 조금만 기다리자고 하셨다.

10분쯤 지나고 나니 허름한 모터보트 한 척이 멀리서 오는 것이 보였다.

배에 우리 일행과 낚시 짐을 싣고 한참을 거슬러 올라가는데 물속 중간중간에 전봇대 끝이 듬성듬성 드러나 보이기도 했다.

예전에 농사짓는 사람들이 모여 살던 마을이었는데 댐으로 수몰되면서 이런 모습이 되었다고 하신다.

10여 분 배 타고 도착해 보니, 수상좌대나 연안좌대 등의 시설이 있는 낚시터와는 전혀 달랐으며, 더군다나 펜션도 아닌 일반 농가 한 채만 덩그러니 있었다.

참으로 독특한 낚시 장소였다.

보트 주인이 농가의 주인이었고 낚시는 농가 앞의 물가에서 하는 것이었다.

그래도 이곳을 알음알이로 찾는 사람들이 있어, 주인장이 배로

실어주시고 집에서 숙식도 제공하면서 조금의 비용을 받는다는 것이었다.

많은 일행을 받지 못하고, 한두 팀 정도만 받으신다고 했다.

집 앞에 펼쳐진 수면의 폭이 꽤나 넓어서, 족히 200미터는 되어 보였으며 물이 어마어마하게 맑고 깨끗했다.

그 농가 옆으로 난 길을 따라 20미터 정도 들어가면 계곡도 있다고 하셨다.

낚싯대 펴고 셋이서 낚시를 하는데 입질은 없다.

저녁 먹을 시간이 되니 주인장이 직접 키운 토종닭으로 백숙 요리를 해주셨으며, 게다가 직접 산에서 채취하신 약초로 만든 담금주도 몇 잔을 내어주셨다.

말 그대로 시골밥상이었고 반찬으로 나온 다양한 산나물들을 직접 채취하신 것이라고 하셨는데, 건강한 밥상 그 자체였다.

저녁을 맛있게 먹고서 본격적인 밤낚시에 돌입해 보는데, 여긴 현실 세계와 완전히 단절된 곳이라는 느낌을 받을 만큼 어떠한 불빛도 문명의 소리도 일체 없이 깜깜하고 고요했으며 빛이라곤 달빛이 전부였다.

마치 조선시대에 와있는 듯한 착각이 들 정도였다. 이런 곳이 다 있었다니….

'물이 깨끗하면 물고기가 없다'라는 말이 맞긴 맞는 것 같다.

물고기 얼굴을 아침까지 한 마리도 못 봤지만, 어차피 여기 온 것이 멋진 경관 속에서 낚싯대 펼치고 힐링하러 온 것이었기에 딱히 미련은 없었다.

아침에는 주인장이 말한 계곡에 가봤는데, 이렇게 신비스럽고 원시림 같은 모습을 간직한 계곡이 있다는 것에 감탄할 따름이었다.
머리 감고 세수나 해 볼 의향이었는데 물이 너무나도 맑고 깨끗해서 씻기 미안할 정도였다.
그래서 세수만 가볍게 하고 계곡의 아름다움만을 맘껏 감상하고 돌아왔다.

비수구미…
17년쯤 전의 일인데도, 그때의 그 경관이 지금도 참 생각나는 곳이다.

결혼기념일 첫 낚시

 경기도 시흥에 위치한 과림저수지에서 일요일 낮에 낚시를 하고 있었다.

 나이 지긋하신 노부부가 내 옆쪽에 와서 자리를 잡으셨다.

 아저씨는 낚싯대 한 대 펴고, 아줌마는 뒤편에 돗자리 펴고.

 그런데 가만히 보니 낚시가방도 없이 낚싯대와 받침대 그리고 떡밥 한 봉지만 손에 들고 오신 것이 아닌가?

 떡밥 그릇이 없으신 것 같아서 빌려드렸더니 엄청 고마워 하셨다.

 낚시를 처음 온 것이라고 해서서, 찌와 수심 맞추는 것도 대신 해 주었다.

 금슬이 무척 좋으신 부부인 것 같았다.

 얘기하는 걸 들어보니, 오늘이 결혼기념일이라고 하신다.

 근처 동네에 사는 분들이시고 주변 도로를 지나다가 보기만 했지 낚시는 오늘 처음 오시는 것이었다.

 결혼기념일을 맞아서 이곳에서 낚시를 해보기로 하고, 오시는 길에 낚시점에 들러서 낚시용품과 떡밥을 사오셨다고 했다.

 낚싯대 한 대 펴놓으시고 두 분이서 돗자리에 앉아서 도란도란 얘기 나누시다가 귀가하실 때까지 피라미 2마리 정도 잡으셨는데…

두 분이서 피라미 잡을 때마다 기뻐서 어쩔 줄을 몰라 하신다.
옆에서 그런 모습을 보는 나도 덩달아 기분이 좋았다.
그러면서 문득 옛날 생각이 났다. 나도 저런 때가 있었는데….

결혼기념일에 첫 낚시를 오신 노부부의 모습으로 인해, 이젠 작은 물고기에는 그다지 기쁨이나 희열을 느끼지 못하는 자신을 다시 한번 뒤돌아보게 된다.

항상 작은 것에 감사하고, 사랑하는 사람과 함께 행복을 나누는 낚시…

잉어 쇼(Show)

강화도 길정저수지에서 일이다.

잉어가 많기로 소문난 저수지이고, 계곡형에 수심도 깊고 물도 맑아서 필자가 즐겨 찾고는 했다.

잉어 한 번 걸리면 어마어마한 당길 힘에 손맛 톡톡히 보기도 했었다.

그날도 관리소 근처에서 낮낚시를 하고 있었는데, 대략 30미터 앞쪽에 위치한 일행으로 보이는 청년 두 명 중에 한 명이 잉어를 건모양이다.

둘 다 일어서서 어찌할 바를 모르며 한참을 실랑이하다가 한 명이 겨우 뜰채로 건져냈는데, 40~50㎝ 가량 되어 보이는 잉어였다.

그리고 나서 얼마 지나지 않아 조금 전에 낚았던 사이즈와 비슷한 잉어를 또 한 마리를 걸었다.

그런데 이런 잉어 입질이 그 둘에게만 계속해서 집중되는 것이었다.

잡고 또 잡고 계속해서 낚아내며 살림망(어망)에 넣어두는데…

나중에는 잉어가 너무 많이 걸려 올라와서 귀찮고 지쳤는지, 이젠 일어서서 제압하지도 않고 자리에 앉아서 이리저리 낚싯대를 놀리며 놓치면 놓치는 대로 끌려오면 끌려오는 대로 그렇게 잡아내고 있었다.

2시간쯤 지났나? 한 명이 관리실에 가서 살림망을 하나 더 사서 들고 온다.

그 짧은 시간 동안 잡은 잉어들이 살림망 하나를 가득 채운 모양이다.

"와~ 어처구니가 없네"라는 말이 입에서 절로 나왔다.

거의 둘이서 벌이는 길정지에서의 잉어 쇼였다.

여지껏 그렇게 잉어가 많이 낚이는 광경은 처음 보았다.

그때가 5월경이었는데 산란하려고 저수지의 모든 잉어가 그쪽으로 바글바글 몰려온 듯했다.

멀리서 바라보던 나도 참 기억에 남는 광경이었는데, 막상 당사자였던 둘은 어땠을까?

일생에 처음이자 마지막이 될지도 모르는 대박 조황이었을 텐데, 아마도 그 얘기를 두고두고 하겠지. 그런데 막상 듣는 사람들이 믿어주려나?

그때마다 필자가 목격자로서 증언을 해주고 싶다.

모든 게 사실이라고….

저수지에 날치가 산다?

지인 3명과 함께 아산 송악저수지 수상좌대를 타기로 한 날이었다.

송악지는 생김새가 바지 모양으로 생겼다. 두 개의 긴 골짜기가 하류에서 합쳐지고 제방 둑으로 막혀있어 영락없이 바지 형태다.

또한 이곳은 붕어 최대어(64cm)를 배출한 곳으로 유명한데, 1988년에 낚시춘추라는 잡지에 실리면서 아직까지도 공식적인 최대어 기록으로 남아있다.

토요일 오후 5시경에 일행들을 만나서 낚시 짐을 모터보트에 옮겨 싣고 수상좌대를 향해 출발하기 시작했다.

낚시터에 가보면 일반적으로 물 위에 떠있는 수상좌대들이 여기저기 눈에 뜨이는데 여기는 하나도 안 보였다.

좌대가 어디쯤 있냐고 물었더니, 골짜기 안쪽에 있어서 하류 쪽의 뱃터에서는 안 보인다고 하시며 "물고기 조심하세요~" 하시는 것이었다.

"네? 물고기를 조심해요?"

그동안 수상좌대에 진입하기 위해서 배를 수십 차례는 탔었는데, 이런 말은 처음 들어서 반문을 했다.

물고기들이 튀어서 배 위로 날아드니 부딪히지 않게 조심하라는 것이었다.

마음속으로 '설마!!' 했는데, 배가 물살을 가르고 진행하는 중에 배의 앞쪽, 옆쪽에서 물고기들이 수면 위로 튀는 것이 보였다.

그러다가 "툭" 소리가 나면서 작은 붕어가 보트 위로 떨어지는 것이 아닌가?

'헐~~ 이런 일이……'

예약해 놓은 수상좌대까지 배로 5분 정도를 달려갔는데, 그동안 6~7마리의 붕어들이 배로 날아아들어 떨어졌다.

작은 붕어 뿐 아니라 7치쯤 되어 보이는 큰 붕어들도 날아 들어왔다.

처음 보는 놀라운 광경에 신기할 따름이었다.

큰 물고기가 날아 들어와 지느러미에 스쳐서 상처 나는 경우도 있다고 하셨으며, 언젠가는 큰 가물치도 한 마리 날아들었다고 한다.

여태껏 배 타고 수상좌대 진입을 많이 해봤지만 이런 광경은 처음이었다.

이곳 송악지의 물고기들은 아무래도 날치의 유전자를 가지고 있나 보다!

산란철의 진풍경

꽃피는 춘삼월에 경기도 발안의 방농장지에서 있었던 일이다.

방농장지는 평지형 저수지로 마름이나 수초가 많이 발달되어 있는 곳이다.

낚시하고 있는 곳에서 오른쪽으로 10여 미터쯤 떨어진 수초밭에서 붕어들의 산란이 한창이었다.

그때가 따스한 햇살이 비치는 봄날 오후였으므로 "철퍼덕~ 철퍼덕~" 하는 소리와 함께 요동치는 붕어의 등지느러미가 수면 위로 오르락내리락하는 모습까지 눈에 보였다.

내 옆쪽에서 낚시하시는 분들이 여러 명 있었는데, 그중 한분이 뜰채를 들고 붕어들이 산란하고 있는 장소로 가신다.

입질이 별로 없었으니 뜰채로라도 붕어를 잡을 맘이었나보다.

한참을 뜰채질하더니 결국 한 마리를 뜰채에 담아와서 자신의 어망에 넣는다.

그리고 또다시 가서 한 마리를 더 잡아왔다.

이 광경을 보던 주위 분들이 하나둘씩 뜰채를 꺼내들고 그곳으로 향하신다.

결국 여러 조사님이 낚시는 안 하시고 뜰채질에만 열중하셨다. 그러면서 간간히 뜰채로 붕어들을 잡아와서 어망에 넣으신다. 그 광경을 지켜보는 필자는 웃음이 절로 나왔다.

낚시 와서 낚시는 뒷전이고 뜰채질하느라 여념이 없는 모습이 참으로 아이러니하게 보였으며, '제사보다 젯밥'이란 말을 떠올리게 했다.

암튼, 산란철의 또 다른 진풍경을 보게 된 날이었다.

낚시꾼들의 대화

회사 휴게실에서의 일이다.
낚시 좋아하는 지인과 커피 마시며 지난번 출조 때의 얘기를 나누고 있었다.

"앞치기 하는데 구멍에 잘 안 들어가서 애먹었고, 입질왔는데 수초를 감을까 봐 들어뽕에 강제집행을 했어."
"그러다가 한번은 수초 감아서 실랑이하고 있는데, 옆에서 '딱' 소리가 나면서 총알 걸리고 난리도 아니었어."

이런 얘기를 나누는 순간에 우리 옆에서 커피 마시던 친한 후배가 이 말을 듣고는 하는 말이,
"두 분이 무슨 얘기를 하는지 하나도 못 알아듣겠다"고 했다.
그제서야 '우리들의 용어가 일반인들에게는 생소하겠구나!' 하는 생각을 하게 되었다.
낚시인들에게는 일상적인 용어인데, 다른 사람들이 들으면 같은 한국말인데도 이해하기 힘든 부분이 있는 것이다.
낚시세계에서 쓰이는 용어도 낚시집단의 문화와 경험을 담고 있

기에 그쪽 계통의 전문용어처럼 자리를 잡게 된 것이다.

　낚시하는 사람들 사이에서는 "붕어 좀 잡았어요?"보다는 "붕어 좀 나와요?"라는 말을 주로 사용한다.
　낚시하고 있을 때 누군가 곁에 와서 "붕어 좀 잡았어요?" 하면, 마음속으로 '이 사람은 초보구나~' 생각되고, "붕어 좀 나와요?" 하면, '이 사람은 낚시 좀 다녔구나~' 하는 생각이 든다.
　의미상으로는 같은 말인데, 다가오는 느낌 차이가 크다는 것이 참~ 희한하다.

또 다른 나와의 조우

살다 보면 자신과 비슷한 사람을 만나게 된다.

외모가 비슷한 사람도 있지만, 성격이나 취향이 비슷한 사람도 있고, 생각이나 이상이 비슷한 사람도 있고.

오래전 경기도 군포에 위치한 반월저수지에서의 일이다.

토요일 저녁 늦은 밤에 낚시를 떠났다.

반월(반달)이라는 이름이 참 예쁘고 특이해서 호기심이 있었던 터라 집에서도 그리 멀지 않은 곳에 있었고, 낚시도 좀 해보고 싶어서 와이프와 갓난아기가 잠든 밤 11시경에 홀로 출조를 나섰다.

저수지 도착해 보니 자정에 가까운 시각이었고, 제방 근처 하류부터 여기저기 낚시 자리를 찾아보면서 상류까지 거슬러 올라와 보니 새벽 1시가 다 되었다.

상류 쪽에도 몇 명의 일행이 낚시하고 있었으며, 한쪽에 혼자서 낚시하는 비슷한 또래의 조사가 눈에 띄었다.

옆에 다가가서 조황 소식이나 저수지 상황을 물어보는데, 친절하게 이런저런 얘기를 해주신다.

원래는 같이 낚시를 다니는 일행이 두세 명 있는데, 오늘은 서로 시간이 안 맞아서 혼자 왔다고 했다.

처지를 보니 나와 비슷한 상황인 것 같아서 낚시에 관한 얘기를 도란도란 나누다 보니, 낚시 경력도 그렇지만 성향이나 마인드가 너무 비슷하고 잘 통했다.

낚시와서 마시려고 준비해 온 캔커피도 서로 나눠 마시면서 시간 가는 줄 모르고 대화를 계속 이어갔다.

낚시 채비나 방법에 대한 얘기뿐 아니라, 그동안 낚시하다가 재미났던 일이며, 기억나는 저수지며, 추천하는 장소와 포인트 등등.

낚시 짐은 차에서 꺼내지도 않은 채, 단순히 낚시 자리 둘러보려고 왔다가 뜻하지 않은 만남에 낚시는 뒷전인 채 이야기 삼매경에 빠졌다.

한참 동안을 얘기하다가 시계를 보니 새벽 5시에 가까워져 있었다.

와~ 그새 서로 3~4시간 동안을 이렇게 이야기한 셈이다.

그분도 토요일 저녁 짬낚시 나왔다가 나를 만나는 바람에 거의 동틀 때까지 있게 된 것이다.

서로가 낚시를 같이 다니는 일행이 따로 있는지라 '다음에 낚시 함께 가자'는 기약이나 연락처는 주고받지 않았다.

동이 터오를 즈음, 그분은 귀가하시고 필자는 온 김에 낚싯대나 담가볼 맘으로 한 대만 펴고 2시간 정도 낚시하다가 철수했다.

천재일우라고 하나?

여태껏 낚시터에 와서 낚시는 안 하고 얘기만 주고받으며 밤을 지새우기는 처음이었다. 그것도 처음 만난 사람과 말이다.

처음 만나는 사이였지만, 얘기하다 보니 오래전부터 만났던 사람처럼 편하고, 잘 통하는 그런 사람. 어떻게 보면, 또다른 나를 만나는 느낌이랄까?

낚시를 많이 다니다 보면 별일을 다 겪는데 이런 일은 또 처음이었다.

지금은 가끔씩 그때 연락처를 서로 나누지 않은 것을 아쉬워한다.

그분도 건강히 낚시 잘 하고 계시겠지?

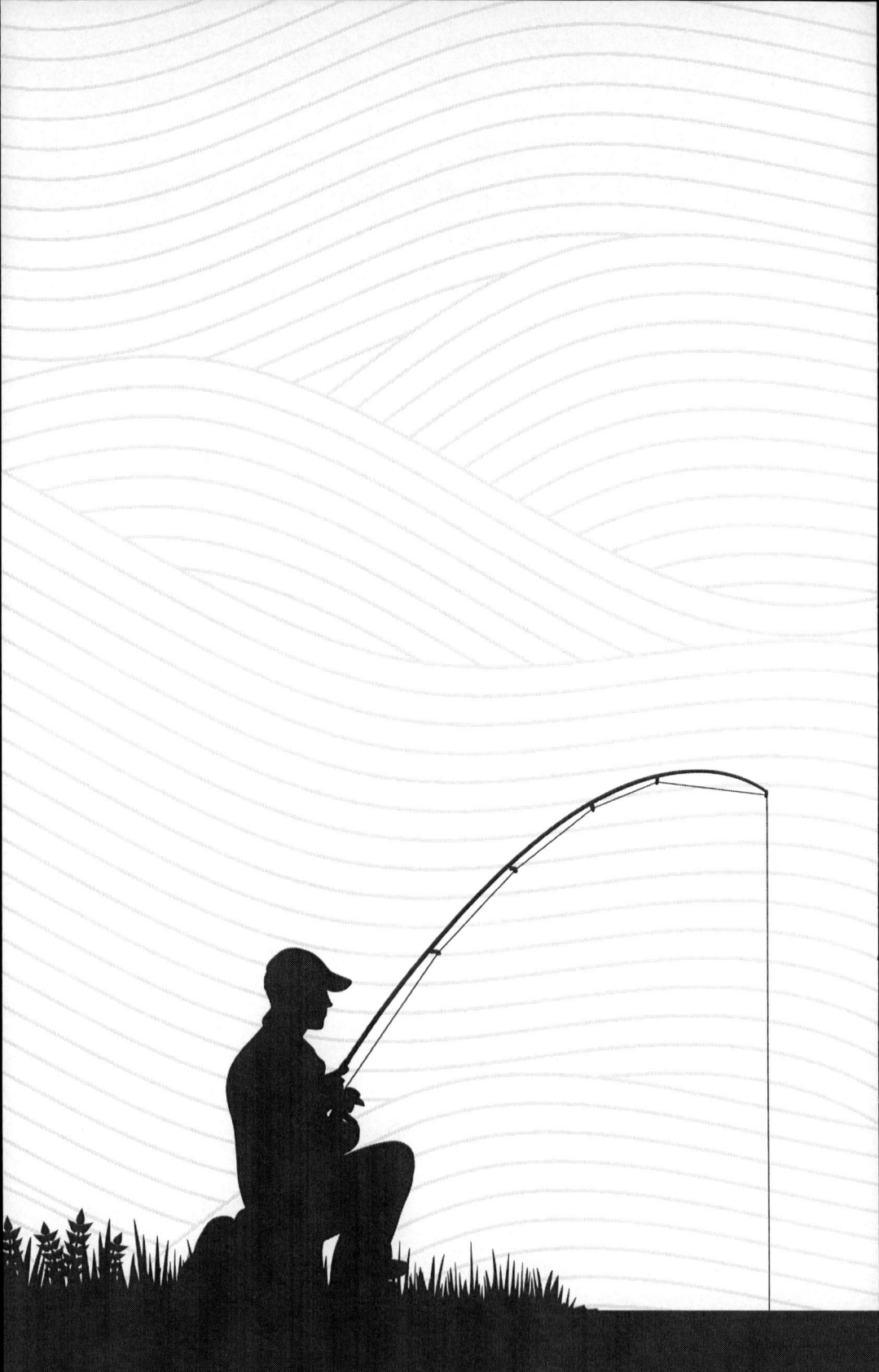

마음가는대로

낚시하면서 받았던 진한 여운이나 느낌을 간결한 문구 형식으로 자유롭게 표현하였으며, 낚시의 진정한 매력과 맛깔스러움을 전달하고자 한다. 더불어서 이렇듯 즐겁고 재미있는 낚시가 앞으로도 자자손손 대물림되었으면 하는 바람을 전한다.

저수지 달 밝은 밤에

'한산섬 달 밝은 밤에'로 시작하는 이순신 장군이 지은 시조가 있다.

유명한 시조로 교과서에도 실려서 학창 시절에 배웠던 기억이 난다.

이순신 장군이 달 밝은 밤에 바닷가 누각에 홀로 앉아서 읊조리신거 같다.

어느 날, 달 밝은 밤에 저수지에 홀로 앉아서 낚시를 하는데 문득 이 시조가 떠올라서 '그때도 지금처럼 달이 밝았겠구나!' 하는 감상에 젖었다.

이순신 장군의 기존 시조를 패러디하여 낚시예찬의 시조를 만들어 보았다.

- 낚시 예찬 -

저수지 달 밝은 밤에 수상좌대에 홀로 앉아
긴 대 앞에 펴놓고 일상의 시름 던져낼 때
어디서 대물들의 자맥질 소리에 가슴 벅차 하노라

아래는 이순신 장군의 시조 원본이다.

『한산섬 달 밝은 밤에 수루에 홀로 앉아
큰 칼 옆에 차고 깊은 시름하는 적에
어디서 일성호가는 남의 애를 끊나니』

밤낚시의 묘미

부제: 리얼 파이팅

밤의 한적하고 조용한 정취를 느끼며
케미컬라이트의 불빛을 멍하니 응시하고 있을 때
정적을 깨는 숨 막히는 듯한 찌올림이 시작되고
이어지는 짧은 순간의 두근거리는 설레임
'어떤 녀석일까…?'
순간 이어지는 챔질
덜커덕.
바늘 끝에 느껴지는 무게감
피휘휘휘횡~ 낚싯대가 울어대고,
철퍼덕~ 철퍼덕~
달아나려고 몸부림치는 물고기의 폭발적인 힘
부러질 듯 휘어지는 낚싯대
부러질 듯 말 듯, 줄이 터질 듯 말 듯...
10여 분의 실랑이 끝에 겨우 뜰채에 담기는 순간
팔의 후들거림과 심장의 쿵쾅거림.
됐어~ 해냈다!

이것이 진정 낚시의 묘미가 아닌가 싶다.

※ 간혹 잠수함급 물고기들이 있다.
　　아무리 당겨도 '나는 내 갈 길 간다' 는 식으로 어마어마한 힘으로 줄을 터뜨리거나 바늘을 부러뜨리고 가는 녀석들. 그래, 너의 승리다. 인정!

꾼 예찬

살을 에는 추위, 찌는듯한 폭염, 쏟아지는 폭우, 매서운 바람 속에의 낚시.
때론 미쳤다는 말을 듣지만, 열정 하나로 이런 자연과 마주합니다.
우리는 자연을 이기려하지 않습니다.
자연에 순응하며 자연과 더불어 함께하기를 원합니다.
그래서 그들은 우리를 '꾼' 이라고 부릅니다.

위 문구는 오래 전 FTV 의 낚시광고에서 나왔던 카피문구로 기억된다.
그 당시의 광고 멘트와 똑같지는 않지만 비슷한 내용이었고, 가장 낚시꾼을 멋지게 표현한 문구가 아닌가 싶다.
"꾼=매니아" 라고도 할 수 있는데, 낚시에서만큼은 '꾼'이 한층 더 어울리는 것 같다.
우스갯소리로 매니아들 사이에서는 인간을 두 부류로 나눈다.

민간인 vs 매니아

일반인들은 엄두를 내지 않고, 이해하려 들지 않는 일도, 꾼들에게는 가능하다.
꾼의 가슴속에는 누구보다도 강한 열정이 자리 잡고 있기 때문이다.

우중(雨中) 낚시

낚시터의 비오는 풍경.

파라솔 아래 자그마한 공간에서 자연 속의 비를 맞이한다.

오도가도 못하고 파라솔 아래에 꼼짝없이 앉아있긴 하지만, 눈앞에 펼쳐져 있는 자연과 어우러진 빗줄기가 만들어내는 운치 있는 풍경에 흠뻑 매료되어 시간 가는 줄 모른다.

특히나, 바람 없이 수직으로 내리는 비는 더할 나위 없이 포근한 경관을 만든다.

이런 풍경은 아름다움을 넘어 한 폭의 그림이다.

또, 시시각각 모양을 바꾸는 빗줄기와 수면에 만들어지는 크고 작은 동심원들의 변화무쌍함에 지루함을 느낄 겨를이 없다.

파라솔에 부딪치는 빗방울 소리는 백색소음이 되어 모든 세상의 잡음을 잠재우고, 파라솔 끝자락으로 흘러 떨어지는 빗물은 작은 폭포가 된다.

눈과 귀가 동시에 즐겁다.

비 오는 날이면 인적도 드물어 한적하게 맑은 자연의 풍광을 만끽할 수 있다.

그리고 비 개인 뒤의 맑고 깨끗함...…
 비는 때론 따스하게, 때론 차갑게... … 참~ 여러 모습을 보여
준다.

 이렇게 가까이에서 오랜 랫동안 비의 정취를 느낄 수 있는 것도
또 하나의 낚시의 매력이 아닌가 싶다.

낚시를 예술처럼

예술의 어원을 보면 예술(Art)은 원래 라틴어 'Ars' 에서 왔으며, 여기에는 기술이라는 의미가 있다. 결국, 멋진 기술은 예술에 가깝다는 얘기다.

"하늘을 가르는 낚싯대의 궤적과 이어지는 낚싯줄의 흐르는 듯한 유연한 라인, 수면 위에 착수되며 그려지는 동심원과 서서히 퍼져나가는 파문."

골프를 "우아한 행위예술 기반의 타격 스포츠"라고 나는 정의를 하는데, 낚시도 유연성과 힘의 절묘한 조화를 이룬 행위예술이라고 말하고 싶다.

특히 숙련되고 노련해질수록 행위를 이루는 동작들이 어색하지 않고 끊어짐 없이 부드럽게 이어지는 하나의 흐름이 되어 예술적인 행위에 가까워진다.

낚시할 때 사용하는 낚싯대도 장인들의 손길을 통해 만들어진 명간(名竿: 명품낚싯대)으로 예술품에 준한다고 할 수 있으며, 낚시하는 무대가 되는 산천과 저수지 풍경도 자연이 빚어낸 예술품임에 틀림없다.

이런 멋진 예술품들과 함께 조화를 이루는 낚시 행위야 말로 한 편의 완벽한 예술적 영상이 아니고 무엇이겠는가?

원하는 지점으로 캐스팅할 때 하늘에 그려지는 유연한 라인의 우아함과 고기를 걸었을 때 반달처럼 휘어지는 낚싯대의 부드러운 휨새와 대상어와의 한판 승부에서 나타나는 집념 어린 모습 등이 멋들어진 한 폭의 풍경화를 연출해 낸다.

낚시는 누군가에게 감동을 선사하는 예술처럼 하는 것이다.
그 누군가는 바로 자신이 될 수도 있다.

붕어 예찬

은빛, 때론 금빛 갑옷을 두르고 눈부신 광채를 발하는 자태
맑고 선한 눈망울은 보는 이의 마음을 단숨에 사로잡고
등에 곧게 선 지느러미는 도도함의 상징

작고 앙증맞은 입은 속내를 얘기해주지 않을 듯 새침하며
등을 타고 흘러내리는 유연한 곡선미와 더불어
부채처럼 펼쳐진 하트모양의 꼬리에서 완성되는 균형미
이런 아름다운 외모로 사랑을 전해주기 위해 태어난 메신저

쉽게 다가서지 않는 조신한 요조숙녀 품성과
점잖고 부드러운 찌올림을 보여주는 군자의 풍모는
우리의 맘을 설레게 한다

거침없는 힘찬 지느러미 짓으로 만들어내는 앙증맞은 몸부림은
최고의 긴장감과 짜릿함을 선사한다
그래서 더더욱 보고 싶어지는…

언제 만나도 늘 새롭고 반가움을 선사하는
세월을 낚는 수많은 조사들의 영원한 동반자

잘못된 속담

"아무리 바빠도 바늘허리 매어 쓰지 못한다"는 옛 속담이 있다.

바느질을 하기 위해서는 바늘귀에 먼저 실을 끼워야 하며, 아무리 다급해도 바늘 허리에 줄을 매고는 바느질을 할 수 없다는 뜻이다.

즉 급하더라도 정해진 일정한 순서를 밟아서 해야 한다는 의미다.

그런데 거의 모든 낚싯바늘에는 공교롭게도 바늘귀 구멍이 없다.

따라서 바쁘든 바쁘지 않든 간에 무조건 바늘의 허리에 줄을 매어서 사용할 수밖에 없다.

의 옛 속담이 낚시 세계에서는 통하지 않는, 잘못된 속담인 것이다.

말이 나온 김에 낚싯바늘의 구조와 명칭을 알아보자.

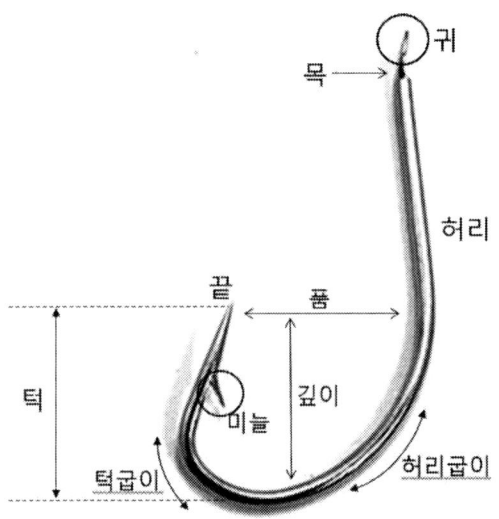

의외로 부분별 명칭이 다양하고 복잡하다는 것에 깜짝 놀란다.

그림에서 보는 것처럼, 낚싯바늘은 일반적으로 바늘귀에 구멍이 없으므로, 목 바로 아래의 허리 부분에 낚싯줄을 매어서 사용한다.

바늘을 묶고 있는 낚시줄을 목줄이라고 부르는 이유도 그림을 보면 바로 이해가 된다.

낚시 에티켓

프랑스 루이 14세 때 베르사유 궁전 화단에서의 무단방뇨를 막기 위해서 정원 관리사가 써놓은 호소문 팻말에서 유래가 되었다는 '에티켓'이라는 단어는 예의범절 차원의 통제적 개념이 내포되어 있는 말이다.

낚시에서도 에티켓이 있으며, '자연에 대한 사랑, 타인에 대한 배려, 수중 생태계 보존'이라는 3가지의 기본이념을 바탕으로 형성되었다고 볼 수 있다.

자연에 대한 사랑

- 쓰레기 수거
  낚시 쓰레기: 떡밥봉지, 케미봉지, 지렁이통, 담배꽁초(담배꽁초는 뒤꽂이에 작은 비닐봉지를 걸어놓고 버리는 방법 추천)
  생활 쓰레기: 캔, PET병, 유리병, 부탄가스통, 음식물 쓰레기
  (분리수거 가능한 쓰레기는 비닐에 담아서 회수하고 음식물은 매립)

- 과다한 떡밥 사용 지양
- 용변(대소변) 처리(특히, 대변은 화장실을 이용, 여의치 않을 시 해결 후 흙으로 매립)

타인에 대한 배려

- 고성방가 금지: 큰 목소리, 음악소리, 발소리
- 야간 낚시에서 불빛(후레쉬, 모자랜턴, 차량라이트) 주의
- 곁낚시 금지: 넓은자리 놔두고 잘 낚이는 자리 옆에 바짝 붙어서 하는 행위
- 주차 문제: 차량 소통 방해에 주의, 특히나 농로를 막아 농사장비 진입 방해 주의. 논이나 밭에 주차하여 논둑, 고랑 등을 무너뜨리는 행위 지양

수중 생태계 보존

- 치어 보존: 손바닥 이하 사이즈의 어린 물고기 방생
- 산란철 물고기 보호: 산란철 시기에 배에 알이 그득한 물고기 방생
- 토종 생태계 교란하는 외래어종(배스, 블루길 등) 방생 금지

민물낚시를 할 수 있는 곳은 크게 유료터(관리형 저수지), 무료터(자연적인 저수지나 강, 호수 등)로 나눌 수 있다.

입어료(비용)를 내고 낚시하는 유료터는 관리인이 편의시설(주차장, 화장실, 세면장 등) 확보, 쓰레기 처리, 물고기 방류 등에 노력하고 있기 때문에 두 번째 덕목인 "타인에 대한 배려"만 유념하면 될 것이고, 반면에 관리자가 없는 무료터인 경우에는 위 3가지 모든 덕목에 대하여 각별히 주의를 기울여야 할 것이다.

특히나 무료터에서는 쓰레기, 용변, 주차 문제 등으로 해당 지역 주민들과의 마찰이 많으므로 각별히 주의해야겠다.

낚시면허제
조기 정착을 꿈꾸며

나의 바람이다.

낚시면허제도 도입이 필요하다는 소리가 가끔씩 수면 위로 올라오기는 했는데, 아직까지는 이렇다 할 시행의 움직임은 보이지 않고 있다.

건전한 낚시문화 형성과 환경 및 생태계 보존을 위해서라도 면허제도 도입이 조속히 이루어져야 한다는 생각이다.

수질오염이나 환경보호라는 명목으로 낚시금지 구역을 확대하는 것만이 능사가 아니고, 자연과 인간이 서로 윈윈할 수 있는 조화로운 타협점을 찾는 것이 중요하다고 생각된다.

이를 위해, 낚시인들의 의식 수준을 높이고 올바른 낚시문화 정착을 위한 기본 소양교육을 실시하는 것이 우선되어야 할 것이며, 해당 교육을 이수한 사람에겐 면허를 부여하고, 정해진 허용 기준을 위반한 경우에는 면허의 제한이나 정지, 취소 등의 사후관리를 실시했으면 한다.

물론 관계부처에서는 낚시 면허 교부를 위한 신청접수, 교육실시, 면허발급, 사후관리 등 일련의 처리를 위한 행정비용이 수반될 것이 분명하지만, 국민의 행복 추구와 자연환경 보존을 위해서는 필요한 선택이라고 본다.

낚시인의 한 사람으로서 낚시면허제도가 하루빨리 도입되었으면 하고, 낚시라는 즐거운 취미가 계속해서 자자손손 대물림되기를 바라는 마음이다.

추천하는 장소

충북 음성에 위치한 맹동저수지.

맹동저수지를 한마디로 표현하자면 "작은 충주댐"이라고 할 수 있다.

불가사리 촉수와 같이 생긴 골짜기들이 잘 발달되어 있는 독특한 모양새뿐만 아니라 천연 그대로의 울창한 산세가 어우러져 태곳적 신비마저 느끼게 해주는 저수지다.

처음 방문했을 때, 제방 옆 진입로에 위치한 낚시터관리소에서 입어료(낚시요금)를 입장료처럼 먼저 내고 들어가는 것도 특이했고, 혼자 밤낚시 온 것을 확인하고는 관리인이 겁이 좀 없으시냐고 질문을 한 것도 특이했다.

이렇게 한 이유는 저수지에 막상 진입해 보니 알 것 같았고, 낚시하지 않고 그냥 나오면 입어료는 다시 돌려준다고 했다.

저수지에 차를 몰고 진입해보니, 눈에 들어오는 풍경이 탄성을 자아낼 만큼 멋지고 독특했다.

낭떠러지 옆으로 나 있는 꼬불꼬불한 비포장의 좁은 산길도 그렇고, 낚시할 수 있는 자리마다 번호가 쓰여 있는 팻말을 꽂아 놓은 것도 그렇고, 암튼 첫 느낌이 참 인상적인 곳이었다.

지형이 너무 험하고 나무가 우거져서 번호 팻말이 있는 자리에서만 낚시가 가능하다는 것이었고, 진입로 입구는 최상류 쪽과 하류 제방 쪽 두 군데만 있으며, 양쪽 입구에서부터 1번의 숫자로 시작해서 중류 지역의 22번에서 끝난다고 했다.

그리고 번호 팻말이 있다고 해서 바로 앞에서 낚시가 가능한 것이 아니라, 낚시 짐을 들고 나무 숲길을 헤치고 산 아래로 30미터 정도를 내려가야만 비로소 물가를 만나게 된다.

여기저기 낚시 자리를 조금씩 둘러보면서 1시간 정도를 차를 몰고 들어갔어도 기껏해야 관리소가 바로 눈앞에 보이는 건너편 자리였고, 저수지 중간의 22번 팻말을 지나서 계속 올라가다 보니 해는 뉘엿뉘엿 넘어가고 있고 시간이 너무 많이 소요된다는 판단에 결국 16번 자리에 정착해서 낚시를 했었다.

상류 끝까지 둘러보고 낚시 자리를 정할 계획이었는데 오후 3시경부터 진입했는데도 저수지 전체를 둘러보지 못한 것이다.

그 이후로 저수지의 경치와 느낌에 매료되어서 가끔씩 찾아가곤 하는데, 언젠가는 밤낚시 마치고 아침에 철수하는 길에 꿩 어미와 새끼들이 일렬로 서서 비포장도로를 가로질러 산 위로 걸어 올라가는 귀여운 모습을 본 적도 있었다.

워낙 산세가 험하고 깊어서 귀신을 보았다는 얘기도 유명 낚시

사이트의 게시판에 올라오기도 했는데, 그 글을 보고나서 '아~ 그래서 처음에 낚시터 관리인이 나에게 겁이 없느냐고 물어봤구나!' 하는 생각이 들었다.

맹동저수지는 한번쯤은 가보시라고 추천하고 싶다.
주위에 민가도 전혀 없는 천연적인 계곡지에 물도 깊고 깨끗해서 휴식과 힐링하기에는 안성맞춤인 곳이며, 필자가 지금껏 낚시 장소를 130여 군데나 다녀봤는데 '비수구미'와 함께 가장 독특하고 인상 깊은 곳으로 기억된다.

에필로그

　민물낚시의 오랜 현장 경험과 그간 습득한 지식들을 특별한 전략이나 스킬 없이 그냥 떠오르는 두서없이 써 보았습니다.
　독자님들도 시간 구애 없이 편안히 쉽게 읽으셨기를 바랍니다.
　몰라도 그만인 낚시 세상의 얘기지만, 알면 훨씬 재미있습니다. 정말로!
　낚시라는 것이 너무 재미있어서 중독성까지 나타나는 것이 문제지만요.

　이 책을 읽어주신 분들에게 감사드리고, 제가 현장에서 체득한 낚시관련 기초 지식이 조금이나마 취미생활 하시는 데 도움이 되셨으면 합니다.
　왜곡된 낚시관을 벗어나 건전한 낚시문화를 정착하는 데 조금이라도 보탬이 되었으면 좋겠고, 무엇보다도 즐겁고 풍류가 있는 낚시를 즐기셨으면 하는 바람입니다.

　이 책을 출간하기 위해 도와준 가족들에게 고마움을 전합니다.
　책의 제목 선정과 맞춤법, 문구 순화에 도움을 준 안방마님, 사랑스러운 아들과 귀여운 딸에게 고마움을 전하고 사랑한다는 말을 전하고 싶습니다.

그리고 함께 낚시를 시작해서 지금까지도 낚시 조우로 남아있는 구두환 조사, 양종렬 조사에게 깊이 감사의 마음을 전합니다.
아마 이 둘이 없었으면, 낚시를 제대로 시작도 하지 않았을 것이며, 큰 재미를 못 느껴 중도에 그만두었을지도 모릅니다.
주말 애인처럼 휴일이면 항상 저수지의 제 옆자리를 함께해 준 조우들이 있어서 정말 행복했습니다. 아마도 이런 조우들과 오랫동안 낚시를 함께 했었기에 이 책도 탄생한 것 같네요.
"빨리 가려면 혼자 가고, 멀리 가려면 함께 가라"는 말이 참 와 닿습니다.
아마 혼자 낚시를 다녔으면 큰 재미도 못 느껴 지금의 여기까지 오지도 못했을 것 같습니다.
취미나 스포츠를 할 때, 함께하는 동료가 있다는 것은 바람직한 일이고 추천할 만한 일입니다.
특히나, 마음과 생각이 통해서 의견충돌 없이 원활하게 함께할 수 있다면 더할 나위 없이 좋은 일이고요.
지나고 나서 생각해 보니, 폭염이나 장마 등의 궂은 날씨에도 낚시갈 수 있었던 원동력은 함께할 동료와의 약속 때문이었고, 또 만나기로 했던 장소에서 기다리고 있을 동료에 대한 믿음과 배려 때문이었습니다.

지금껏 25년을 함께 낚시한 오랜 조우인 구두환, 양종렬 조사와 다소 늦게 만나서 지금까지 낚시 조우로 가깝게 지내며 낚시관련 지식과 경험을 나누고 있는 고장영, 임진규, 김형섭 조사에게 다시 한번 고마움과 함께 이 말을 전합니다.

"우리 건강하게 살아서 즐겁고 재미난 낚시 오래오래 하십시다~"

끝으로, 20년 넘게 낚시인의 부인으로서 이해와 믿음으로 옆에서 많은 내조를 해준 조은영 여사에게 특별히 깊은 감사와 사랑을 전합니다.

잡은 물고기로 매운탕도 안 끓여먹고,

저녁에 술도 한 잔 안 한다면서,

밤낚시는 왜 해요?

왜냐면요… 재밌으니까!